AF283150

El don de influir

7 ideas para influir en los demás
y transformar el entorno personal

Raúl Alas Alas

EDICIONES UNIVERSIDAD DE NAVARRA, S.A.
PAMPLONA

Cupón para la Biblioteca Virtual

Accede a la versión eBook de este título por solo **1,99 €**. Con la compra de este libro puedes utilizar el siguiente cupón para la lectura en *streaming** desde la Biblioteca Virtual. **Sigue estas instrucciones** para visualizar tu libro:

1. Dirígete a la web de la Biblioteca Virtual en **https://ebooks.eunsa.es**.

2. En la web ve a **Iniciar sesión** e introduce tu email y contraseña. Si no estás registrado, deberás completar el proceso en **Registrarse**.

3. Tras registrarte, accede a la página del libro o lee el QR de esta página. Bajo el precio podrás **insertar el código oculto en el siguiente cupón** para activar la promoción.

Despegue para visualizar

Acceso directo al eBook

Canjéalo en ebooks.eunsa.es

*Con acceso a internet desde cualquier navegador.

COLECCIÓN: PERSONA Y CULTURA
n.º 58

© 2024. Raúl Alas Alas
Ediciones Universidad de Navarra, S.A. (EUNSA)
Campus Universitario • Universidad de Navarra • 31009 Pamplona • España
+34 948 25 68 50 • www.eunsa.es • eunsa@eunsa.es

ISBN 978-84-313-3921-0
DL NA 133-2024

Diseño cubierta: Fernando Cuevas
Imagen: Pixabay

Printed in Spain – Impreso en España
Imprime: Podiprint

A todos los que han influido en mi vida.

Índice

I.
Prólogo:
El don de influir

«Liderazgo es estar siempre influyendo en el pensamiento,
en el comportamiento y en el desarrollo de otros».
Ken Blanchard

Influir es una forma de liderar, porque liderar es saber influir en los demás. Por eso, el líder es aquel que es capaz de inspirar, incitar, inducir y, sobre todo, persuadir. Es posible influir sin liderar, pero es menos habitual que se pueda liderar sin influir. Quien tiene este don, consigue irradiar una luminosa presencia en quienes le rodean y generar una poderosa energía en su entorno.

Un líder que influye es aquel que mueve con razones, motivos y acciones para lograr que otros hagan lo que conviene hacer en una determinada situación. No con imposiciones ni chantajes, sino con la determinación e inspiración que cada uno perciba desde su libre voluntad. Por lo cual, liderar también es inspirar la determinación de los demás, porque en la medida que así sea se consigue alentar sus mejores esfuerzos.

Pues como bien dice Stephen Covey, «el mapa que vemos determina lo que hacemos, y lo que hacemos determina los resultados que logramos» (Covey, 2005). En otras palabras, esa capacidad de inspirar incide favorablemente en las ideas que se piensan, y ese pensamiento a su vez repercute en las acciones que se hacen y la manera de hacerlas.

> Liderar también es inspirar
> la determinación de los demás

NADIE DA LO QUE NO TIENE

Convertirse en un líder que sabe influir con acierto en los demás no es algo improvisado o repentino, sino que es la consecuencia de haber conjugado en su vida una serie de talentos, conocimientos y experiencias que le han convertido en lo que ahora es. Un ser humano que dispone de una serie de virtudes y cualidades que integradas y practicadas son capaces de generar un enorme atractivo a su alrededor.

Personas con una riqueza interior que se proyecta de forma clara en su comportamiento exterior. Líderes que enlazan una gran humanidad y don de gentes, que les hace contar con un potente magnetismo y una facilidad para generar cercanía con quienes le rodean. Es muy cierto esto que dice Simon Sinek de que «los grandes líderes no se ven a sí mismos como grandes, se ven a sí mismos como humanos». Porque al fin y al cabo se consideran como seres inacabados o inacabables, que siempre están ávidos de aprender y mejorar para avanzar en la dirección de su vida.

> «Los grandes líderes no se ven a sí mismos como grandes, se ven a sí mismos como humanos»

Es verdad que nadie da lo que no tiene, por lo que se requiere mucha humildad para reconocer las propias limitaciones y las verdaderas potencialidades que cada uno posee. Y esto se adquiere con la mirada objetiva de la situación particular que permite reconocer las influencias personales recibidas, así como las lecciones de vida que han sido claves para avanzar y madurar en el camino.

La ruta de las influencias

En el camino de las influencias, hay personas, acontecimientos y acciones que han incidido de modo decisivo en nuestra vida. «En cualquier situación dada, con cualquier grupo dado, hay una persona que ejerce una influencia prominente» (Maxwell, 1996). Desde los primeros pasos de nuestra infancia, en los que tuvimos el acompañamiento de personas mayores que nos enseñaron tanto; luego en la adolescencia y vida adulta que tuvimos diversos referentes en nuestra labor personal y profesional; hasta la última etapa de nuestra vida en la que compartimos una historia común con familiares y amigos, la ruta de las influencias ha contado con todo tipo de protagonistas y sucesos.

Al volver la vista atrás, descubrimos una diversidad de personas que nos han ayudado de modo significativo a trazar la ruta de nuestro camino. En primer lugar, nuestros padres y familiares más cercanos, que velaron por nuestra salud, seguridad y superación. Su cercanía y afecto fueron la mejor influencia para comprender y apreciar el mundo que nos rodeaba en esa etapa de la niñez. ¡Cuánto tenemos por agradecer su presencia, cariño y disponibilidad!

En algunos casos, por las razones que fuera, quizá no hubo la presencia cercana de un padre o una madre en los primeros años de vida, lo cual es siempre una difícil carencia, pero en su lugar hubo alguien que nos tendió una mano para que pudiéramos salir adelante. En casos así, resulta doloroso comparar la propia realidad con la de quienes gozaron la entrañable cercanía afectiva de un ser querido. Aún con todo lo que esto supone, resulta admirable el ejemplo de quienes supieron canalizar esta situación en beneficio de su posterior desarrollo personal y madurez afectiva.

Al llegar a la adolescencia y primeros años de vida adulta, qué bueno fue poder contar con la influencia positiva de grandes amigos, profesores, entrenadores, compañeros y jefes, que sirvieron de referencia para modelar la propia personalidad. Todavía mejor si en esos años contamos con el acompañamiento estable de un guía espiritual que supo dirigir los frecuentes pasos titubeantes de nuestra joven alma. Es invaluable el efecto que tiene en la vida contar con el ejemplo precioso de personas con un gran talante humano y espiritual.

Porque luego, en la mediana edad y en los años de vejez, seguiremos siendo influidos por amigos y familiares que siempre han significado mucho en nuestra existencia. En esta etapa ya no tendremos la ingenuidad de la infancia, ni los arrebatos o impulsos de la adolescencia, pero sí la identidad forjada por las experiencias vividas y por tantas lecciones aprendidas a lo largo de los años. En ciertas personas esta etapa servirá para superar viejas cicatrices y derrotas, en otras será el momento para atar cabos sueltos, pero mejor aún si este es un período de reflexión, sosiego y de anhelo por dejar un legado que perdure entre los suyos. Poder contar con personas que sirvan de inspiración, aliento y espejo en los años dorados, será una riqueza que influirá en esta etapa final de la vida.

Al volver la vista atrás, descubrimos
una diversidad de personas que nos han ayudado
de modo significativo a trazar la
ruta de nuestro camino

EL DON DE INFLUIR

Al fin y al cabo, todos a lo largo de nuestra vida influimos en las personas y somos influidos por ellas, lo cual ha contribuido de modo significativo a forjar nuestra propia identidad. En parte, debido a las creencias y experiencias compartidas, pero especialmente gracias a las expectativas e imágenes que los demás se crean y tienen de nuestra manera de ser. En otras palabras, lo que los demás esperan de nosotros configura mucho de lo que tarde o temprano llegaremos a ser.

Si ese concepto o imagen que se tiene de nosotros es bueno y se nos hace ver las potencialidades que de verdad tenemos, se abre un horizonte de grandes posibilidades que repercute favorablemente en todos los órdenes de nuestra vida. Por el contrario, si la expectativa que se tiene de nosotros es negativa, nuestro comportamiento va a corresponder a esa apreciación externa de los demás. Es lo que se ha dado en llamar el *Efecto Pigmalión*, que tiene como fundamento las expectativas, buenas o malas, que depositamos en las personas a partir del potencial que percibimos en ellas.

Esa apreciación externa tiene un enorme impacto en cada uno de nosotros. Porque esa experiencia de haber sido influidos por la mirada perceptiva, apreciativa y sabia de nuestros padres, maestros, mentores y jefes tiene luego un efecto similar en la manera en la que percibimos e influimos en los demás. A lo largo de nuestra vida formamos parte de un círculo de influencia, ya sea positivo o negativo, que nos hace replicar con otros la experiencia que hemos vivido en carne propia.

Tiene razón Maxwell cuando dice que «el liderazgo no se trata de títulos, posiciones o diagramas de flujo, sino de una vida que influye sobre otra». Pues es muy cierto que cada uno tiene esa capacidad de influir en los demás, siempre que exista un vínculo afectivo, social, profesional o laboral que nos hace formar parte de un entorno compartido. Y cuando esto sucede, si nuestra mirada es positiva y propositiva con los demás, seremos capaces de confiar más en sus cualidades y talentos personales, por encima de sus carencias y limitaciones.

Hay muchas maneras de influir y de ser influido, pero la cuestión central es si somos capaces de ser factor de cambio en cualquier lugar donde nos encontremos. En concreto, si tenemos la capacidad de ser y hacer la diferencia con nuestras ideas, acciones y palabras en la familia, la vida productiva y la sociedad. Y con ello, si sabemos irradiar redes de influencia positiva en el ámbito que sea.

«El líder prominente de cualquier grupo puede descubrirse muy fácilmente. Solo observe a la gente cuando se reúne. Si se decide algo, ¿cuál es la persona cuya opinión parece de mayor valor? ¿A quién observan más cuando se discute un asunto? ¿Con quién se ponen de acuerdo más rápido? Y lo que es más importante: ¿a quién le sigue la gente? Las respuestas a estas preguntas le ayudarán a discernir quién es el verdadero líder de un grupo en particular» (Maxwell, 1996).

> Hay muchas maneras de influir y de ser influido, pero la cuestión central es si somos capaces de ser factor de cambio en cualquier lugar donde nos encontremos

¿Cuáles son los mimbres esenciales para ejercer esta influencia en los demás? Es acaso un tema de mera presencia física y gran atractivo personal. Mejor aún, es el fruto de una formidable elocuencia y actitud carismática, o es la combinación de una suma de cualidades que convierte a la persona influyente en un líder prominente. Pienso que todas las respuestas son válidas, porque quien ejerce esta capacidad de influir en los demás, tiene una personalidad magnética que genera una gran fuerza de atracción y suscita efectos poderosos en los demás.

Por eso, este libro tiene como objetivo central proponer 7 ideas para influir en los demás y transformar el entorno personal. Son ideas concretas que gravitan alrededor de las personas y sus ámbitos de influencia, cuya realidad y responsabilidad les hace ejercer un liderazgo en su rol familiar, laboral, intelectual o social

No es mi interés ahondar en una serie amplia de ideas sobre este tema, del que hay una variedad de libros y material audiovisual disponible. En su lugar, la idea es enfocar mi atención en factores complementarios de la acción de influir en otros y los potenciales alcances que esto genera en quienes son influidos.

Por lo cual, durante la labor de investigación para escribir este libro, me he centrado en varios autores que han especializado su trabajo en el liderazgo, la comunicación asertiva y, especialmente, en la capacidad de influir en los demás. De igual modo, dediqué tiempo a buscar referencias concretas de líderes que han sabido influir en la vida de otras personas, para identificar los rasgos que han contribuido en su actuación particular. Asimismo, he seleccionado algunos relatos de libros y películas acerca de personajes cautivadores que han sabido influir en otros con su carácter, sus palabras y una vida ejemplar. Por lo tanto, he podido distinguir cualidades, talentos y rasgos que me han hecho valorar mucho a los líderes que han influido en mí.

Al concluir este prólogo, reitero mi agradecimiento a mi esposa e hijos, que llenan de gran alegría mi vida, me impulsan a trabajar con sentido de propósito y apoyan cada uno de mis proyectos editoriales. Los llevo siempre muy presentes en mi mente y corazón. ¡Gracias por tanto!

Raúl Alas Alas

II.
7 ideas para influir en los demás y transformar el entorno personal

«Si tus acciones inspiran a otros a soñar más, aprender más, hacer más y ser más, eres un líder».
John Quincy Adams

¿Te has preguntado alguna vez a cuántas personas impactas a lo largo de un día, una semana, un mes, un año o toda una vida? ¿Qué efectos provocas en ellas con tus palabras, gestos, acciones, comportamientos y cualidades? ¿Con qué asocian tu nombre, forma de ser y carácter personal?

Son respuestas que cada uno debe pensar de acuerdo con sus circunstancias personales y laborales, pero lo cierto es que todo el tiempo estamos influyendo en otras personas y, simultáneamente, también estamos siendo influidos por otras tantas. Es un proceso dinámico en el que pasamos de influenciadores a ser influidos según la ocasión que se presente.

Algunas veces será en el marco de una conversación, una reunión de trabajo o, posiblemente, en el desarrollo de una presentación o clase. Se puede influir o ser influido en un escenario público, un aula o un foro, o en un espacio privado, en el que cada uno mantenga una interacción personal con alguien que le inspire confianza. El contexto puede ser variado, pero en cada caso es muy posible que haya algo que produzca un impacto o efecto en alguno de los participantes que atienden a un evento, del tipo que sea.

Nunca sabremos a ciencia cierta cuánta influencia habremos ejercido en los demás o cuánta recibimos, pero lo que si es cierto es que todos en algún grado u otro ejercemos una influencia determinada para alguien en particular. Lo valioso de todo esto es que eso que cada uno llega a ser, no solo es el fruto de sus propios aprendizajes y saberes, sino la suma de todas las experiencias compartidas con quienes han impactado de alguna manera en nuestra vida.

Es bueno empezar cada día con esa idea firme que con nuestras inspiraciones, palabras y acciones podemos ser una buena influencia para otros en el entorno que vivimos. No es preciso ser una celebridad o un connotado experto en alguna materia para transformar el mundo. Basta ser una persona de quien los demás se puedan fiar, para ser esa vela encendida que atraiga a los demás y les muestre con naturalidad una nueva luz en su camino.

Es bueno empezar cada día con esa idea firme que con nuestras inspiraciones, palabras y acciones podemos ser una buena influencia para otros en el entorno que vivimos

Es posible que a muchos esto les parezca una empresa inalcanzable, pero uno no imagina el efecto que una persona sensata y honrada puede ejercer en sus prójimos o en el país donde vive. «Muchos dirán: "pero yo no tengo ni la capacidad, ni los medios, ni las oportunidades para ocupar un puesto influyente en la sociedad". Se equivocaría quien pensara así: todos podemos ser *influencers* en el ámbito en el que desarrollamos nuestras actividades cotidianas» (Fazio, 2019).

IRRADIAR LUZ A LOS DEMÁS

Lo que cada uno es en lo particular, por modesta que sea su presencia o su labor diaria, si está envuelta de un halo de virtud, será ese fuego encendido que irradia calor y luz a quienes se acerquen a su lumbre. Es una contradicción vivir como meros fuegos artificiales que chisporrotean por los aires y solo llaman la atención por sus ruidos, luces y efectos fugaces. «¿Brillar como una estrella…, ansia de altura y de lumbre encendida en el cielo? Mejor: quemar, como una antorcha, escondido, pegando tu fuego a todo lo que tocas. Este es tu apostolado: para eso estás en la tierra» (Escrivá, 1998).

> Es una contradicción vivir como fuegos artificiales que chisporrotean por los aires y solo llaman la atención por sus ruidos, luces y efectos fugaces

En el libro *Razones para vivir* (Martín Descalzo, 1999), el autor comparte una copla del poeta cubano Nicolás Guillén, que es una magnifica imagen para comprender esto que hemos venido hablando hasta ahora:

> *«Ardió el sol en mis manos,*
> *que es mucho decir;*
> *ardió el sol en mis manos*
> *y lo repartí,*
> *que es mucho decir».*

Que no es otra cosa que compartir lo que cada uno es, su forma de ser, su naturalidad, su verdadera identidad, la que le define a donde quiera que vaya. «Naturalmente, cuando hablamos de que a alguien le arde el sol en las manos lo que estamos diciendo es que tiene la vida llena, radiante, que sus años han sido luminosos como antorchas, que tuvo una gran ilusión que dio sentido a las horas, que estuvo vivo, en suma» (*Ibídem*).

Pero a veces no somos nosotros mismos, sino más bien una imagen idealizada que nos fabricamos de nuestra personalidad y que proyectamos a los demás. Porque «solo tiene luz el que ha ido recogiéndola, cultivándola. La luz, la belleza, están en el mundo, pero hay que ir sabiendo recogerlas. Y hay que empezar por tener las manos abiertas y no como los egoístas, cerradas, empuñadas» (*Ibídem*). Qué bien nos viene encontrar seres humanos que son capaces de repartir la luz de su mirada, la miel de sus labios, la inspiración de su saber y el fuego de su corazón. «La luz del alma solo es luz cuando es repartida, compartida» (*Ibídem*).

Estas personas son para nuestra vida como las señales que nos marcan el camino, la senda que nos abre paso hacia nuevos horizontes. Son la respuesta más profunda a nuestros anhelos de amistad y confianza, que nos hace sentirnos acogidos por su apertura y disponibilidad, y especialmente por su palabra sincera y generosa. Cuando esto sucede, la vida cobra un brillo especial y se aclara el panorama ante nuestros ojos.

> Estas personas son para nuestra vida como las señales que nos marcan el camino, la senda que nos abre paso hacia nuevos horizontes

Al respecto, quizá conozcas la historia de Agustín, que hasta los 31 años estuvo dando tumbos por los efectos de una vida llena de inquietudes intelectuales y ávida de placeres. Había nacido en Tagaste en el año 354, una provincia romana del norte de África (en lo que ahora es Argelia), en donde vivió su niñez y primeros años de juventud. Siendo adolescente marcha a Cartago a cursar estudios de gramática y retórica, y estando ahí se siente atraído por la literatura, el teatro y la poesía, que le hacen sobresalir en diversos certámenes y concursos.

Luego estudia filosofía, que despertó en él la búsqueda incansable de la verdad, lo cual le hizo pasar por varias escuelas filosóficas que no lograron saciar sus profundas inquietudes intelectuales. Mientras tanto, experimentaba la fascinación por los placeres sensuales, que le hacía vivir una vida sexual activa y libre de compromisos. En el año 383 marcha a Roma en busca de mejores oportunidades y de un mayor reconocimiento a su labor intelectual. Sin embargo, enferma gravemente y pasa apuros económicos. Al restablecerse de su salud, logra conseguir, gracias al Prefecto de Roma, una plaza como maestro de retórica en Milán.

Es aquí donde conoce a Ambrosio, obispo de Milán, que le cautiva por la elocuencia de su predicación y la coherencia de su personalidad. A partir de entonces y de la favorable influencia de Ambrosio, Agustín empieza un firme proceso de conversión al cristianismo, que le lleva a profundizar en diversos escritos, en las epístolas paulinas y en los evangelios como fuente inspiradora de su fe en Cristo.

Este punto de inflexión en su historia personal le hace dar un vuelco en su forma de vivir y de entender su existencia, que le lleva a dedicarse al estudio, la oración y, una vez ordenado sacerdote y luego obispo, le mueve a la defensa incansable de la doctrina católica. Muere en Hipona (ahora Argelia) en el año 430 y deja un legado de escritos, predicaciones y obras doctrinales de gran hondura teológica. Tiempo después es declarado santo, doctor de la Iglesia Católica y, según los expertos, uno de los principales pensadores del cristianismo.

Como se puede ver en esta historia de San Agustín, es una riqueza encontrar personas que aporten contenido e influyan de forma decisiva en la transformación de una vida tan extraordinaria como la suya. «Un genio no es un hombre que tiene el alma muy grande, sino un hombre de cuya alma podemos alimentarnos. En los santos la cosa es aún más clara: son santos porque no se reservaron para sí, sino que se entregaron a todos cuantos le rodeaban» (*Ibídem*).

Quizá no tendremos ni la biografía ni los mismos rasgos de identidad de este ilustre y santo personaje, pero es evidente que todos en algún momento de nuestra existencia, necesitamos modelos, motivadores, mentores y multiplicadores que nos inspiren a sacar la mejor versión de cada uno.

Modelos, motivadores, mentores y multiplicadores

Decía el gran industrial estadounidense Henry Ford que «no debes tener una posición de altura para poder ser un líder». Esto es muy cierto, pues las personas que influyen en las decisiones que tomamos son aquellas de nuestro entorno cercano, que se ganan nuestra amistad y confianza a base de gestos sinceros y lealtad probada a lo largo del tiempo. Puede ser un familiar, un amigo, un compañero de trabajo o estudios, que valiéndose de un consejo acertado y oportuno sabrá orientarnos en la solución de un asunto concreto.

Sin embargo, en algunos momentos cruciales de la vida, buscamos la ayuda de personas que, por su madurez y trayectoria vital, se constituyen como referentes de sabiduría y prudencia en las cosas de la vida, sean pequeñas o grandes, sencillas o complejas, ordinarias o extraordinarias. Estos seres sabios y prudentes se posicionan de forma natural en la escala de personas ejemplares, gracias a sus virtudes humanas y rasgos particulares, que les convierten en *modelos* de comportamiento y personalidad. Son los espejos en los que nos gustaría reflejar nuestra forma de ser y, en la medida de lo posible, calcar sus gestos, palabras y acciones.

Estos líderes son nuestros padres, maestros, guías espirituales, jefes y líderes, a los que vemos con especial predilección por su posición social y años de vida, y cuya jerarquía humana ejerce una gran ascendencia sobre cada uno. Líderes que enlazan una gran humanidad y don de gentes, que les hace contar con un potente magnetismo y una facilidad para generar cercanía con quienes le rodean. Estos modelos de vida son necesarios y muy relevantes para mostrarnos el camino hacia la mejor versión personal. Pues como dice el filósofo Albert Schweitzer: «El ejemplo no es lo que más influencia a personas. Es lo único».

Estos modelos de vida son necesarios y muy relevantes para mostrarnos el camino hacia la mejor versión personal

En un siguiente escalón de influencia, buscamos que esas personas ejemplares nos impulsen a superarnos, nos den un espaldarazo que confirme nuestras decisiones y alienten a dar los siguientes pasos a la meta trazada. Son los *motivadores*, cuyas palabras son la punta de lanza para movernos a la acción e infundirnos grandes ánimos en las diversas aventuras, empresas y viajes que nos embarquemos. Estos líderes influyen por la fuerza vocal de sus mensajes y la capacidad de proyectar con sus ideas las acciones que nos conviene hacer o los proyectos que habrá de concretar.

Puede ser que estos líderes no sean perfectos o tengan rasgos que no precisamente nos agraden, pero tienen una intención que les mueve y hace mover a los demás. Tiene sentido la motivación que Steve Jobs aplicaba en su labor directiva: «Mi trabajo no es ser complaciente con las personas. Mi trabajo es empujar a estos grandes trabajadores que tenemos y hacerlos aún mejores».

En otras palabras, los motivadores saben la importancia de activarnos el motor propio e imprimir velocidad a los suyos. Pienso que un líder así es capaz de generar una inercia que empuja y acelera todo a su paso, que provoca cambios sensibles en las personas que le rodean. No hacen gestos por capricho o arbitrariedad, sino que su voluntad de mover a otros es parte de su propia identidad. Y, por tanto, sus acciones tienen la finalidad de llevar a los demás consigo al punto de meta.

> Los motivadores saben la importancia
> de activarnos el motor propio e
> imprimir velocidad a los suyos

Pero en ocasiones no basta con imitar al *modelo* o seguir el ritmo del *motivador*, sino que se requiere una palanca diferente que nos eleve a otro nivel de superación y provoque cambios sustanciales en nuestra vida. Un factor decisivo que ayude a convertirnos en aquello que estamos llamados a ser. Un liderazgo que nos ayude a perfeccionarnos, a pesar de nuestras circunstancias particulares. Pues como bien apunta Peter Drucker: «liderazgo es elevar la visión de una persona, llevar su rendimiento a un mayor estándar y construir una personalidad más allá de sus limitaciones normales».

En un caso así, qué bien resulta contar con *mentores* que sepan guiarnos con sus preguntas acertadas y observaciones oportunas para hilar fino en las decisiones más relevantes que debamos tomar. Los mentores son personas dotadas de grandes conocimientos, diversas experiencias de vida y una atractiva forma de ser. Ante todo, son personas con una reciedumbre probada en el fuego de fuertes adversidades superadas, que saben dar un sentido de esperanza a todas las complicaciones que se les presentan. Porque «un líder es un repartidor de esperanza» como decía Napoleón Bonaparte.

> Los mentores son personas dotadas de grandes conocimientos, diversas experiencias de vida y una atractiva forma de ser

Finalmente, en esta escala de influencia de un líder, que parte de ser un *modelo*, que luego se convierte en un *motivador* y que, gracias a su experiencia y virtud probada, se eleva hasta el nivel de un *mentor*, queda una última etapa a la que solo unos cuantos logran llegar: el líder *multiplicador*. Aquel cuya gran personalidad y espíritu generoso le hace capaz de forjar nuevos líderes que replican su estilo y su manera de actuar. Los líderes *multiplicadores* son aquellos que después de una dilatada carrera como grandes referentes en su familia, organización o empresa, eligen a «seguidores» a los que forman gradualmente en el don de influir en los demás.

Un gran ejemplo de este estilo de liderazgo multiplicador es Jack Welch, que supo influir de modo decisivo en un numeroso grupo de ejecutivos de General Electric durante su época al frente de esta gigantesca empresa multinacional. De hecho, el mismo Welch afirmaba: «antes de ser líder, el éxito solo se trata del crecimiento propio. Una vez que te vuelves un líder, el éxito se define por el creci-

miento de otros». Por lo cual, una clave importante para
definir la influencia de un líder multiplicador tiene que
ver con la capacidad de hacer crecer a las personas que le
rodean y potenciar sus talentos, hasta llevarlos a un nivel
que puedan asumir el liderazgo en sus respectivas labores
ejecutivas y directivas.

> La influencia de un líder multiplicador tiene que ver
> con la capacidad de hacer crecer a las personas
> que le rodean y potenciar sus talentos

En sentido figurado, estos líderes multiplicadores son
aquellos que tienen ese fuego candente al que nos hemos
referido antes y que tienen la generosidad de compartirlo
a quienes se acerquen a ellos. Son esos líderes «antorcha»
que pegan el fuego a quienes se saben aproximar a su presencia y que no se queman con él, sino que lo acrecientan
con su genuina disposición para aprender y ponerlo en
acción en el ejercicio de su profesión o encargo. Larga
vida a estos líderes multiplicadores que son modelos, motivadores, mentores y, desde luego, amigos entrañables
que nos dejan una enorme huella en la mente y el corazón.

Por todo lo anterior, es mi interés que las 7 ideas que
propongo a continuación sean un aporte para dimensionar
la enorme riqueza de quienes tienen el don de influir en
los demás y transformar el entorno personal. Por lo cual,
conviene en primer lugar, conocernos por dentro, para

poder mostrar luego un rostro auténtico a quienes nos rodean o forman parte de nuestra vida.

Te invito a venir conmigo en esta ruta de la influencia. ¡Vamos!

1. CONOCERSE POR DENTRO Y MOSTRAR UN ROSTRO AUTÉNTICO

> *«El comportamiento es un espejo en*
> *el que cada uno muestra su imagen».*
> **Johann Wolfgang von Goethe**

Si tuviéramos la oportunidad de mirarnos cada día frente a un espejo mágico, que además de revelar nuestra imagen exterior nos permitiera mirar lo que tenemos dentro, creo que seríamos más humildes respecto a la propia percepción personal y, ciertamente, más auténticos en nuestra manera de ser con los demás.

Pero me parece que a medida que pasa el tiempo y dejamos atrás la genuina inocencia de la niñez, nos vamos volviendo un tanto celosos de revelar la propia identidad y nos fabricamos gradualmente una imagen personal que pueda adaptarse a las expectativas del entorno y de quienes forman parte de él.

Esta imagen que nos forjamos es fruto de las percepciones que los demás se han hecho de nuestro comportamiento y cualidades personales, las cuales van creando un relato particular en la historia de cada uno. Los sucesos o circunstancias, los triunfos o derrotas, las satisfacciones o sinsabores, así como las risas o las lágrimas que hemos experimentado, contribuyen en esta imagen que proyectamos públicamente y que está siempre tomando forma hasta construir la propia reputación.

Cuando prevalece una buena percepción sobre una persona y se elogian sus verdaderas potencialidades, se crean las condiciones propicias para que pueda destacar en los diversos desafíos y situaciones que se le presenten. Por el contrario, cuando la imagen que se tiene de ella es limitada o negativa, su respuesta a esta expectativa pública se hace realidad en su comportamiento particular, y el resultado es una profecía autocumplida.

Este fenómeno se denomina *Efecto Pigmalión* y representa las expectativas, buenas o malas, que nos hacemos de las personas a partir del potencial que percibimos en ellas. La apreciación externa incide en gran medida en la confianza personal, o falta de ella, para lograr nuestros sueños y llegar a la meta propuesta. Tiene un valor inmenso cuando percibimos que aquellos a los que más amamos y en los que depositamos nuestra confianza, también nos aman y se fían de nosotros.

> La apreciación externa incide en gran medida en la confianza personal, o falta de ella, para lograr nuestros sueños y llegar a la meta propuesta

Es sentirse apreciado, comprendido y amado por quienes tienen una gran ascendencia sobre nosotros, los cuales influyen decisivamente en el desarrollo de las acciones que realizamos y en el modo en el que apreciamos el éxito de ellas. En esta primera etapa de formación nos referimos a los padres, maestros y guías que nos aportan la mirada sincera y la palabra oportuna, para mostrarnos la maravilla de la ruta que nos espera.

Esta experiencia prodigiosa que percibimos en carne propia, la podremos incorporar internamente en la manera de conducirnos en la vida, que luego nos hará replicarla en otros con idéntica actitud. ¡Cuántas personas se beneficiarán posteriormente de esa mirada perceptiva, apreciativa y sabia de nuestra forma de ser!

Será un círculo virtuoso de influencia para replicar en otros lo que tanto ha funcionado en la experiencia personal. Es muy cierta esa antigua sabiduría de la *regla de oro* que consiste en «tratar a los demás como quieres que te traten a ti», pues de esta forma hay una actitud circular de aprecio, respeto y sintonía, que favorece las relaciones humanas en todo su esplendor. Todo lo cual propicia un ambiente de cercanía y confianza en los espacios de convivencia personal.

Es atinado lo que dice John Maxwell cuando afirma que «el liderazgo no se trata de títulos, posiciones o diagramas de flujo, sino de una vida que influye sobre otra». Pues es muy cierto que cada persona tiene esa capacidad de influir en los demás, toda vez que exista un vínculo afectivo, social, profesional o laboral que le hace formar parte de un entorno compartido. Y una vez se consigue esta afinidad sincera, se facilitará centrar la atención en las cualidades y talentos de las personas con las que convive, por encima de sus carencias y limitaciones más significativas.

Porque en ocasiones no nos damos la oportunidad de tratar y conocer de cerca a las personas con las que interactuamos, sino que nos quedamos con las impresiones que nos forjamos de forma superficial, basadas en prejuicios o a partir de ciertas apreciaciones inexactas. Pero el secreto radica en conocer a las personas en su ser auténtico y no quedarnos solo con su imagen de apariencia, porque entonces podremos influir en ellos con mayor certeza en su realidad personal.

> El secreto radica en conocer a las personas en su ser auténtico y no quedarnos solo con su imagen de apariencia

Ser y parecer

En los tiempos que corren, en los que predomina la comunicación en redes sociales y su respectivo contenido audiovisual, resulta muy tentador fabricarse una imagen personal a la medida de los espectadores o alineada a los modos de ser de quienes interactúan en estas plataformas sociales. Curiosa realidad virtual que provoca figurar con imágenes personales de acciones positivas, divertidas y entretenidas, que no siempre se corresponden con las situaciones y contrariedades que cada uno enfrenta en su propia vida.

En muchas historias que se comparten al público, no hay caras largas ni rostros de inquietud, sino que todo es disfrute y gozo. Lo que se trata es mostrar el lado feliz de la vida y, por tanto, son pocos los que se atreven a compartir el dolor o exponer un problema personal. Ciertamente, no es un asunto sencillo desfogar los agobios, penas o inquietudes en un foro público, sino que las situaciones íntimas y complejas las reservamos para discutirlas con nuestros familiares, amigos o personas de confianza.

No es de extrañar que haya personas a las que conocemos y apreciamos, que aun en medio de sus grandes conflictos internos que enfrentan, traten de «hacer de tripas corazón» en las fotos que publican o cuando estamos en su presencia. Son personas que parecen felices, pero no precisamente lo sean en la realidad. Es una divergencia entre el ser y el parecer, entre la identidad y la imagen. Y esto también suele ocurrir en el trato diario, pues a veces resulta más sencillo ir por el mundo con una careta que oculte el verdadero rostro, que mostrarse tal cual uno es.

> A veces resulta más sencillo ir por el mundo
> con una careta que oculte el verdadero rostro,
> que mostrarse tal cual uno es

Quizá conozcas la historia de *El caballero de la armadura oxidada* (Fisher, 1993), cuyo protagonista a fuerza de proyectar un comportamiento perfecto y de portar siempre su armadura, idealizó su imagen y la asumió como la realidad que proyectaba a los demás. Esta historia nos cuenta una fábula del ser humano moderno, que va por el mundo con una especie de armadura y con la autoimagen que se ha forjado de persona intachable, noble y generosa, que ha sustituido a su verdadera identidad. «Ponemos barreras para protegernos de quienes creemos que somos. Luego un día quedamos atrapados tras las barreras y ya no podemos salir» (*Ibídem*).

Pienso que esta actitud es parte de la naturaleza humana, que busca no defraudar las expectativas o percepciones públicas que los demás tienen de una persona. Se guarda su identidad porque teme ser herida o poco apreciada por su genuina forma de ser. Lo ideal es que la identidad personal coincida con la imagen que se proyecta a los demás, pero no siempre sucede así, pues cada cabeza es un mundo y el ser humano suele ser una caja de sorpresas que resulta difícil descifrar.

La fábula tiene un final feliz, pues el protagonista del relato se desprende de su armadura oxidada y tiene un proceso interior que le hace volver a sus principios. «Habrá de aprender a quererse y darse a sus seres queridos, que le quieran por quien es, y no por sus logros y valías» (Schlatter Navarro, 2016).

El desafío para vivir una vida coherente es lograr reflejar la identidad en la imagen. Que ser y parecer sean una sola cosa. Cuando ambas coinciden, hay una armonía que se refleja en una coherencia en las acciones personales y en una consistencia de vida. Esta armonía se manifestará de forma transparente en la actitud habitual de sus gestos y palabras. «La transparencia es precisamente la cualidad de lo que deja ver algo que está más allá: las palabras no sirven para ocultar, sino para desvelar» (Mora, 2009). Esta consistencia en la forma de obrar y hablar no es automática, sino que es fruto de la repetición de las buenas elecciones propias en momentos de incertidumbre, tensión o crisis.

> El desafío para vivir una vida coherente
> es lograr reflejar la identidad en la imagen.
> Que ser y parecer sean una sola cosa

Ganar todas las batallas

Decía Sun Tzu en su conocido libro *El Arte de la Guerra* que «si conoces al enemigo y te conoces a ti mismo, no temas el resultado de cien batallas» (Sun Tzu, 2008). Lo que nos propone este famoso general, estratega militar y filósofo de la antigua China, es un camino en doble vía, que requiere un gran sentido de objetividad para identificar las amenazas externas, con todos sus riesgos y peligros, y la realidad interna, con el conocimiento cierto de sus propias fortalezas y debilidades.

Pienso que no resulta sencillo asumir por cuenta propia esta ambivalencia de factores. Por naturaleza humana, siempre nos resulta más sencillo potenciar las cualidades personales y dejar de lado las carencias más notorias. Seamos claros en esto: todos tenemos un afán de preservar nuestra buena imagen, que nos hace lucir más atractivos a los demás y proyectar una apariencia permanente de ganadores y personas intachables. Aunque conocemos nuestros propios defectos personales, lo usual es que los ocultemos para no defraudar las expectativas que los demás tienen de nosotros.

Es parte de nuestra naturaleza tener la ilusión de hacer cosas grandes e importantes en la vida, que dejen huella a su paso en todo lo que haga. Es lo que Dale Carnegie llama el anhelo de ser apreciado. «Hay un anhelo –casi tan imperioso como el deseo de alimentarse y dormir– que se ve satisfecho muy rara vez. Es lo que Freud llama "el ansia de grandeza". Es lo que Dewey llama "el deseo de ser importante". William James dijo: "El principio más profundo de la naturaleza humana es el anhelo de ser apreciado"» (Carnegie, 2008).

Y este anhelo de ser apreciado, es un motivador que nos hace emprender grandes desafíos y superar todo tipo de batallas, para lograr las metas que nos proponemos. «Las pequeñas batallas que ganamos cada día son las que definen nuestro futuro» (Clear, 2019). Es un hambre de triunfo que está instalada en la identidad del ser humano, pero que solo puede descubrir su cauce cuando la persona encuentra su sentido real de inspiración y la capacidad suficiente para triunfar en sus tareas, acciones y retos. En otras palabras, don y talento. Actitud y aptitud. Espíritu de aprendizaje y habilidades personales para la vida.

> Este anhelo de ser apreciado, es un motivador que nos hace emprender grandes desafíos y superar fuertes batallas

Reciedumbre y espíritu de sacrificio

Lo importante en cada caso es saber con claridad a dónde dirigirse y situarse, tener clara la estrategia de ruta o de acción, preparar el equipo para cualquier hazaña, y emprender el camino con audacia y perseverancia. Audacia para superar limitaciones y obstáculos, y perseverancia para no transigir en el intento diario de llegar a la meta trazada y ganar la partida que nos toque jugar.

Sin embargo, debemos estar preparados para enfrentar dificultades y sinsabores, de modo que, cuando lleguen, podamos hacerle frente con reciedumbre y espíritu de sacrificio. Al respecto, me viene a la mente la memorable final del Abierto de Australia de 2022, en la que *Rafael Nadal* superó dos sets en contra, para ganar el torneo en cinco sets y ser el primer tenista profesional masculino en alcanzar 21 grandes títulos individuales.

Su gesta fue épica, porque venía de varios meses de convalecencia después de haber sido intervenido en la planta del pie izquierdo y haber superado los efectos del COVID pocas semanas atrás. Además, su edad superaba por casi diez años a su contendiente, *Daniil Medveded*, que mantuvo un gran nivel de juego durante todo el partido y estuvo a pocos juegos de ganar el torneo. Y por si eso fuera poco, el partido tuvo una duración de cinco horas y veinticuatro minutos, bajo condiciones de mucha humedad y altas temperaturas.

En definitiva, una final de altísima exigencia técnica y física, en la que Nadal mostró una actitud férrea de lucha y una gran fortaleza mental, para nivelar el partido y vencer a su rival. ¡Cuántas lecciones se pueden aprender de la entrega, resiliencia y resistencia con las que siempre jugó al tenis este gran campeón mundial!

1. **El esfuerzo de consistencia para entrenar con intensidad antes de cada torneo y partido**. Lo cual habla de una disciplina de trabajo para mejorar las fortalezas y atenuar las debilidades. Esfuerzo que redunda en una mejor preparación física y técnica en los momentos de mayor exigencia durante un partido. Porque en gran medida, «el éxito es el producto de nuestros hábitos cotidianos, no de transformaciones drásticas que se realizan una vez en la vida» (*Ibídem*).

2. **Una firme determinación de amar lo que se hace**. Porque amar el deporte o cualquier actividad

noble con la que uno se gana la vida, constituye la base para hacerlo bien y sacarle el máximo provecho. Dicho lo anterior, ese amor a la obra bien hecha es la esencia del compromiso que hace posible perfeccionar el trabajo, perfeccionarnos en el trabajo y perfeccionar a los demás con el trabajo.

3. **La humildad para saber ganar y saber perder,** que hace relucir lo mejor de un campeón en todo tiempo y lugar. Cuando se gana se vive una alegría que nos hace pasar por alto muchos aprendizajes, pero cuando se pierde queda la sensación de haber podido dar más en el juego. «La derrota enseña lo que el éxito oculta», porque se aprenden más lecciones de la hiel de la derrota, que únicamente de la miel de la victoria, puesto que aquella permite sacar partido a la adversidad y descubrir los puntos clave que hacen mejorar las cualidades personales ante cualquier reto que se presente.

Qué importante es conocerse a sí mismo y saber con humildad las verdaderas potencialidades. Pero, ante todo, tener la claridad para reconocer las limitaciones que nos impiden crecer o lograr aquello que nos proponemos. En estos casos, cobra especial relevancia tener una mirada externa de alguien que nos ponga frente al espejo de nuestra realidad personal, que nos muestre con asertividad las luces y sombras de nuestra identidad, y nos enseñe el camino a seguir. Esa es la maravilla de las personas que influyen en nuestro camino. «Los *influencers* se centran en ayudar a las personas a cambiar un pequeño número de conductas de gran influencia durante los momentos cruciales» (Grenny y otros, 2020).

> Qué importante es conocerse a sí mismo y
> saber con humildad las verdaderas potencialidades

Todo esto es un tema esencial que depende de la fuerza de voluntad de cada persona, porque en todo gran proceso de mejora se precisa de una energía poderosa que impulse la transformación y la haga posible. En el próximo capítulo, veremos porqué es fundamental tener claro el sentido de la vida, con el que dirigimos nuestra mirada hacia los grandes ideales con los que se hacen realidad los propósitos que cada uno tiene en su interior.

2. HACER VIDA LOS PROPÓSITOS

> *«Es a través del carácter como*
> *se ejercita el liderazgo».*
> **Peter Drucker**

Contaba un sabio profesor que el consejo más valioso que había recibido en su vida era muy sencillo, pero al mismo tiempo un preciado tesoro que trataba de poner en práctica cada día. Y el consejo era este: «En todo lo que hagas ten siempre un fin en mente».

La pregunta es si uno debe tener un fin para cada cosa o un único fin para todo. Creo que ambas vías son correctas, porque el que tiene un fin para cada cosa le concede su particular importancia a cada proyecto o iniciativa que se propone hacer o realizar. De igual modo, el que tiene un fin para todo, sabe que hay un propósito grande que está por encima de las intenciones particulares que tiene en mente, pues ese propósito será su referente de inspiración en el largo plazo y le moverá a dar los pasos necesarios para hacerlo realidad.

Ese propósito es la «Estrella de Belén» que iluminó a los Reyes Magos en su ruta hacia el pesebre. Era lo que iluminaba e inspiraba la larga travesía hacia su destino. Y esa magnífica luz que alumbra desde lo alto, es un punto central que atrae la mirada y alienta a seguirla, para no perderla de vista. Es verdad que no basta saber que esa luz existe en lo alto de mi horizonte, sino que debo ir tras ella, para encontrar la respuesta a mis grandes inquietudes y anhelos. Pero no conviene ir por intuiciones, impulsos esporádicos, automatismos o a marchas forzadas, sino a través de un mapa de ruta que facilite el trayecto, establezca las etapas de forma ordenada y tenga claro el camino a seguir.

Igual sucede en la vida personal de cada uno. Debemos tener un propósito claro que defina el sentido de nuestra vida. Llámalo visión, causa, intención o como quieras llamarlo, pero defínelo oportunamente para que perfile tu horizonte y establezca ese punto trascendental de llegada. Lo esencial es que cada uno tenga una idea clara de hacia dónde se dirige y cómo quiere llegar a ese destino.

> Debemos tener un propósito claro que
> defina el sentido de nuestra vida

Lo peor es tener claro el objetivo y ser indolente para alcanzarlo, por falta de fuerzas o mera complacencia, o incluso por miedo a fracasar en el intento. Y vivir con miedo es estar atado a hilos finos de inseguridad, preocupación, ansiedad o indecisión. «Decía Sófocles, "para quien tiene miedo todo son ruidos". Efectivamente, quien tiene miedo en una casa solitaria, pronto empieza a escuchar crujidos en las escaleras, temblores en las puertas, sombras que se alargan y encogen. Y son fruto de su miedo y su imaginación» (Martín Descalzo, 1999).

Y la imaginación «es la loca de la casa» como afirmaba Santa Teresa, porque nos hace pensar todo tipo de sinrazones, conjeturas y amenazas, que terminan saboteando nuestro principal propósito o los más importantes. Lo peor es que esos prejuicios y preocupaciones, suelen quedarse en meras especulaciones y temores infundados, pues no ocurren sino solo en nuestra cabeza e imaginación. «El 90 por 100 de las cosas que nos preocupan nunca suceden, pero el cuerpo y la mente las viven como si fueran reales. Vivimos constantemente acuciados por cosas que no tienen por qué suceder» (Rojas Estapé, 2018).

Es evidente que un proyecto inspirador y de altos vuelos siempre tiene un margen amplio de inquietud e incertidumbre. Lo cual hace necesario enfocarnos con mayor atención en esa visión que tenemos, para ver sus verdaderos alcances y detalles, de modo que podamos prepararnos y equiparnos mejor para llegar a ella y hacerla realidad.

¿Y qué se requiere para no claudicar en el intento de llegar a la meta de nuestros propósitos? El esfuerzo diario de dar pasos hacia adelante y tener la mirada fija en el punto de meta. El esfuerzo es trabajo, movimiento, acción y tenacidad que nos hace salir de la indolencia. Labor cotidiana que nos hace crecer en todo sentido.

> El esfuerzo es trabajo, movimiento, acción
> y tenacidad que nos hace salir de la indolencia

Y estar enfocados en un objetivo es la genialidad de apuntar fino con la mirilla telescópica, porque eso es lo que hacen los genios: no se distraen en lo periférico, sino que se concentran en lo esencial, en dar en el blanco. «Porque tal vez la mejor definición del genio es aquella que daba Sam Johnson: "El verdadero genio es un entendimiento de gran poder concentrado en un solo punto". Un gran hombre, me parece a mí, tiene que ser muy claro cuál es su alma, qué es lo que quiere, adónde va. Y hecha esta opción, dirigirse a ella sin vacilaciones, sin dispersarse, tozuda y apasionadamente. Y pacientemente» (Martín Descalzo, 1999).

En el libro *Hábitos atómicos* (Clear, 2019), el autor cuenta el caso de la transformación de *British Cycling*, la organización que se encarga de regular el ciclismo profesional en Gran Bretaña. El cambio tuvo lugar en 2003, a raíz de la contratación de *Dave Brailsford* como su nuevo director de desempeño, después de casi cien años de no figurar como país en lo más alto del ciclismo mundial. *Brailsford* fue contratado para darle un nuevo sentido al equipo británico y poner en acción una estrategia diferenciadora respecto a los anteriores entrenadores.

Llamada «agregación de ganancias marginales», esta estrategia en realidad es una filosofía que busca pequeños márgenes de mejora en las principales variables que se pueden controlar en el deporte. En sus propias palabras: «El principio de esta filosofía consiste en desglosar todo lo que puedas imaginar del ciclismo y si mejoras cada aspecto en un 1%, obtendrás un incremento significativo cuando los juntes todos» (Slater, 2012).

En pocos años esta estrategia dio sus frutos y puso fin a una larga sequía de victorias del ciclismo británico, que en menos de un lustro de aplicar las mejoras comenzó a cosechar una larga cadena de triunfos. «De 2007 a 2017, los ciclistas británicos ganaron 178 campeonatos mundiales y 66 medallas de oro olímpicas y paralímpicas. Además conquistaron cinco victorias en el Tour de France. Todas estas hazañas realizadas en tan corto tiempo son consideradas como el caso de éxito más importante en la historia del ciclismo» (Clear, 2019).

Lo valioso de esto es que una mejora marginal de modo consistente en el tiempo, contribuye a conseguir sólidas transformaciones a cualquier persona u organización que se lo proponga. «Las pequeñas mejoras del 1% son hechos apenas perceptibles. Pero a la larga pueden ser mucho más significativas. La diferencia que las pequeñas mejoras pueden provocar es realmente sorprendente» (*Ibídem*).

La clave es persistir en las acciones emprendidas, para perseverar en el propósito hasta lograr el cambio o el éxito deseado. Sin ceder a la tentación de tirar la toalla en las primeras de cambio porque no se ven frutos evidentes de forma inmediata. La gota persistente que golpea la roca, aun siendo pequeña y liviana, termina por abrir un profundo orificio en esa estructura que parecía cerrada e impenetrable. De eso se trata esta sencilla, pero poderosa idea.

> «La diferencia que las pequeñas mejoras
> pueden provocar es realmente sorprendente»

Hacer vida los propósitos

En el itinerario particular de cada uno hacia sus propias metas y logros, es buena idea estar abierto a los diversos escenarios posibles. «No tiene sentido que restrinjas tu felicidad y satisfacción a un solo escenario, cuando existen muchos caminos que conducen al éxito» (*Ibídem*). Nada está escrito en piedra. Es factible encontrar sendas, valles, montañas y hondonadas en todo trayecto. Lo habitual es que la vida se presente cada día con diferentes trajes y colores, por lo que no conviene extrañarse si a veces nos hallamos como en tierra de nadie y descolocados para dar los siguientes pasos. Nadie nace aprendido, por lo que es buena idea rodearse de personas afines y fiables, que hayan recorrido su propia ruta y aprendido a sortear las trampas o pruebas que hubieran tenido en su camino.

Acceder a esta sabiduría de la experiencia ajena, siempre es un método que da luces para enriquecer el propio intelecto, la prudencia y forjar el espíritu interior. Puede ocurrir que no solo sean personas conocidas o vivas, sino incluso mentes de otras épocas o personajes de ficción que habitan en libros memorables y grandes clásicos.

Acceder a esta sabiduría de la experiencia ajena, siempre es un método que da luces para enriquecer el propio intelecto, la prudencia y forjar el espíritu interior

---

Esos autores y personajes son líderes que pueden influir decisivamente en nuestra experiencia particular. «Decía Gracián que un hombre, para serlo completamente, tenía que vivir tres vidas y emplear la primera en hablar con los muertos (leer); la segunda con los vivos (viajar); y la tercera consigo mismo (reflexionar). Por eso recomendaba al "discreto" lo siguiente: "Traga primero leyendo, devora viendo y rumia después meditando"» (Martín Descalzo, 1999).

Para acceder a esos autores, genios y maestros, se precisa de referentes que nos hablen de ellos oportunamente y con buen tino. Puede ser un profesor, un amigo o una persona culta, que nos introduzca al maravilloso mundo de la lectura y de la reflexión sosegada de ideas que nos permita aprender y crecer.

Este proceso interno de digestión intelectual es necesario para comprender e interiorizar lo que leemos y conocemos por nuestros propios medios. «Aprender una nueva idea no te convierte en un genio, pero mantener

un compromiso de aprender algo cada día durante tu vida
se convierte en una fuerza transformadora» (Clear, 2019).
Esa conversación silenciosa interior y con quienes nos
inspiran nuevos horizontes, nos hará aprender, madurar y
dar pasos en la dirección correcta.

Eso que acabamos de apuntar es bueno y deseable,
porque entonces tenemos un marco más amplio para construir nuestra visión y perfilar de mejor modo los propósitos que tengamos. Pero además es bueno viajar y conocer
otras realidades diferentes a las habituales. No tienen que
ser viajes lejanos, sino incluso dentro del propio país, porque también en el entorno particular se descubren nuevas
luces y vivencias desconocidas.

Lo importante es salir de la rutina, de nuestros circui-
tos habituales y de la realidad que siempre nos rodea. El
viaje es un proceso, un devenir de acontecimientos, una
mezcla de sensaciones y novedades. Un encuentro que
nos lleva a salir de nuestro encierro. En resumen, el viaje
es una puerta abierta hacia nuevas experiencias.

> El viaje es un proceso,
> un devenir de acontecimientos,
> una mezcla de sensaciones y novedades

Es verdad que en apariencia nada cambia con un viaje. Uno viaja tal cual es, con su realidad personal y sus
circunstancias de siempre, pero en el fondo se va obrando

paulatinamente una transformación interior que nos hace comparar y contrastar nuestra vida con la de quienes conocemos en esas travesías.

Esa admiración fugaz por la novedad es una base para construir una postal en su mente de lo que ha experimentado y alimentado sus sentidos. Es entrar en una nueva dimensión que permite aprender de la experiencia y apreciar las diferencias. Eso también es aprender y acceder a otra fuente de conocimiento.

En el camino de la vida, la clave para el crecimiento interior y adquirir virtudes, tiene que ver con la actitud que tenemos ante los acontecimientos y circunstancias que enfrentamos cada día. Esa actitud puede ser alentada por diversos estímulos, pero lo esencial es tener rectitud de intención y buena voluntad en todo lo que hacemos, para que esa forma de comportarnos nos haga trascender y superar nuestras propias limitaciones. En otras palabras, la actitud personal configura nuestra manera de ser y nos hace ser atractivos o repulsivos ante los demás. Es como una marca de identidad que nos define en lo social y refleja un modo de actuar que nos vuelve fiables y cercanos a quienes nos rodean.

Por lo tanto, hacer vida los propósitos tiene que ver en gran medida con poner los medios para lograrlos, y estos pasan por poner en juego los conocimientos, la experiencia y, especialmente, la actitud. Pero todo eso requiere que cada uno lleve las riendas de su vida. Como bien dice Küppers, el conocimiento y la experiencia suman, pero la actitud personal multiplica. «Y la actitud no se reduce a ser positivo, también consiste en ser una persona luchadora, trabajadora y, sobre todo, buena» (Fita, 2018).

Ser buena persona

Siempre se ha dicho que además de serlo, hay que parecerlo. No basta ser bueno, sino también hay que demostrarlo con nuestras ideas, gestos y acciones. Identidad e imagen. Ser y parecer. Lo decíamos antes y lo reafirmamos ahora.

Esto no se puede plantear como una alternativa, sino como algo que se integra en la vida naturalmente. Identidad, porque la persona tiene siempre algo que aporta desde su interioridad: pensamientos, principios, cualidades, talentos, emociones e inspiraciones. Y en el caso de las personas que influyen en nuestra sociedad: coherencia ejemplar, consistencia de vida y convicciones firmes, sobre las cuales hablaremos con calma en el siguiente capítulo.

La imagen debería de ser un reflejo fiel de esta identidad que hay en el interior de las personas. La imagen siempre es un prisma que sabe reflejar las tonalidades dinámicas que confluyen en nuestra personalidad en todo momento.

Es en la prueba y en la contradicción humana que una persona tiene la ocasión de responder con fortaleza y espíritu de superación. En ese ir y venir de los sucesos temporales y de las personas que entran a formar parte de nuestra vida, es cuando afloran los grandes talentos y dones que coexisten en nuestra vida. Y eso supone un ejercicio de actualización periódica de las premisas que nos motivan y una renovación constante del combustible que activa nuestra fuerza de voluntad.

Al fin y al cabo, no basta con no hacer cosas malas para ser considerado buena persona. Eso es solo una parte de la ecuación. Lo esencial es tener la firme disposición de hacer el bien a los demás y, especialmente, a quienes tenemos más cerca. Pues como se dice sabiamente: «El mundo no está amenazado por las malas personas, sino por aquellas que permiten la maldad». Por aquellas que, teniendo la capacidad de hacer el bien, prefieren hacerse los disimulados ante las efectos y consecuencias de las malas acciones de los pillos y perversos. De esto hay mucha tela que cortar.

> «El mundo no está amenazado por las malas personas, sino por aquellas que permiten la maldad»

En todo caso, nadie en su sano juicio quiere tener de vecinos a gente mala y corrupta, sino a personas que inspiran confianza y generan buen ambiente en donde se encuentren. Es como si a la hora de confiar nuestra vida o llevar una preciada mercancía en un barco que navega en altamar, se nos presentara la opción de que la nave la comandara un pirata o un honrado capitán. No queda duda que elegiríamos a este último para esa honrosa responsa-bilidad.

De igual modo, a la hora de pedir consejo sobre un aspecto sensible de vida o muerte, no se la pedimos a un neófito o un ignorante, mucho menos a un vil mentiroso o farsante, sino a aquel que más certeza nos inspira por su conocimiento, habilidad y manera de ser.

Ser buena persona es una carta de presentación que nos abre la puerta a espacios de confianza, círculos de amistad y acciones de gran responsabilidad. No es un tema superficial o sin importancia, sino que es el fruto de haber construido un buen nombre y predicar con el ejem-plo en diversidad de circunstancias.

Construir un nombre y predicar con el ejemplo

Tener un buen nombre es construir una marca personal fiable, predecible y valiosa en sí misma. No hay sorpresas desagradables en alguien así, sino más bien el buen sabor de la certeza de aquello que es conocido. Es la garantía de quien nos ofrece más de lo que esperábamos recibir, que supera con creces toda expectativa. Como dicen algunos, una persona íntegra y de una pieza es aquella que me da «liebre por gato», no al revés. Pues entonces, su presencia y amistad significarán una riqueza invaluable que siempre valdrá la pena cultivar, preservar e incrementar.

Alguien así nos eleva e impulsa a ser mejores, no como esas almas rebeldes y sin causa que no son capaces de fiarse ni de sí mismos o que están peleadas con el mundo. «Destruir el mundo, arrasar lo que no nos gusta, elaborar grandes proyectos, gritar contra el mal, eso es como un niño que, en la playa, se cree rebelde porque destruye de una patada un castillo de arena. Pero las rebeldías que el mundo necesita son las que crean, curan, ayuda, alivian, mejoran, alimentan a la humanidad. Los demás, los que se quedan en sueños y palabras, los que son muy agudos criticando, los que solo saben lo que quieren destruir, son simples rebeldes de pacotilla» (Martín Descalzo, 1999).

> «Las rebeldías que el mundo necesita son las que crean, curan, ayuda, alivian, mejoran, alimentan a la humanidad»

En las crisis que hemos vivido en los últimos años, se puede advertir quiénes aportan las mejores ideas para construir una mejor sociedad y quiénes, por el contrario, solo saben criticar o descalificar de forma frívola lo que no comprenden o les estorba. Pero lo peor en estos casos es cuando esas acciones solo buscan la ventaja particular en perjuicio del bien colectivo.

Es relevante predicar con el ejemplo, porque los niños, los jóvenes y las personas más sencillas quedan cautivadas por el efecto de las grandes acciones de los adultos. Cuando los frutos de estas acciones son nobles, entonces se ha conseguido sembrar una semilla de bien en su corazón. Pero cuando estas producen división, escandalo o infamia, queda un veneno metido en su interior, que tarde o temprano saldrá a la superficie en forma de resentimiento, temor o desconfianza.

Quizá un buen caso de esto que apunto sea el gran ejemplo que transmite un padre o una madre a un hijo, cuando sus acciones están revestidas de una honradez e integridad que dejan huella. Entonces, las palabras se hacen vida en los actos, y esta coherencia la absorbe de forma inequívoca en su interior y queda grabada a fuego en su corazón.

> Las palabras se hacen vida en los actos

Al respecto, quiero contarte dos historias que pueden ilustrar esto que he escrito. La primera historia está situada en Chicago, en los años veinte del siglo pasado, en pleno apogeo de Al Capone, que dominaba los principales negocios del hampa en la ciudad: piratería, contrabando, extorsión y una gran variedad de crímenes. Capone tenía un abogado, al que llamaban «*Easy Eddie*», un profesional bien preparado y astuto que con sus habilidades y movimientos de manipulación de las leyes supo mantener fuera de la cárcel al gran capo de la mafia (Cfr. Torre de babel, 2012).

Capone era consciente de estas habilidades y se las premiaba a *Easy Eddie* con abultados cheques, comisiones y privilegios especiales: una gran mansión cercada, un equipo de sirvientes y una variedad de lujos. Eddie gozaba de estos beneficios y de la gran vida de la mafia, sin darle mayor consideración a los abusos y atrocidades que esta cometía en Chicago.

Sin embargo, Eddie tenía una gran debilidad: un hijo al que amaba con todo su corazón y a quien rodeaba de todo tipo de comodidades y medios (ropa, autos, lujos y una buena educación en prestigiosos colegios). Nada detenía a Eddie de darle todo lo mejor. Y a pesar de su relación con la mafia, se esforzó por enseñarle a su hijo la diferencia entre el bien y el mal. De hecho, «deseaba que su hijo fuera un mejor hombre que él».

Aun así, había dos cosas que él no podía legarle a su hijo: «ni un buen nombre, ni un buen ejemplo». Esto le hacía sufrir mucho, pues él deseaba rectificar todo el mal que había hecho, a tal grado que esta situación le enfrentó ante una encrucijada que le llevó a tomar una terrible decisión: «Con absoluta determinación, Easy Eddie decidió que cooperaría con las autoridades y decir toda la verdad sobre la organización de Al Capone, tratando así de limpiar su nombre manchado, y ofrecerle a su hijo alguna semblanza de lo que significaba la integridad».

Easy Eddie sabía perfectamente el costo que conllevaría testificar en contra de la mafia, pero corrió el riesgo y lo hizo. Como era de esperar, al cabo de un año, una ráfaga de disparos acabó con su vida en una solitaria y fría calle de Chicago. Pero le legaba a su hijo un gran regalo, al precio más alto que pudo pagar: su propia vida.

Cuando los agentes de la Policía removieron su cuerpo, encontraron en sus bolsillos cuatro objetos: un rosario, un crucifijo, un medallón religioso y un poema impreso tomado de una revista, pegado con un clip, que decía así:

«Al reloj de la vida se le da cuerda solo una vez
Y a ningún hombre le está dado saber
cuándo las manillas habrán de detenerse
en cualquier temprana o dilatada hora.

El ahora es el único tiempo que te pertenece.
Vive, ama, lucha con un propósito.
No confíes tu fe al tiempo,
pues el reloj puede pronto detenerse».

La segunda historia está situada en el portaviones Lexington, nave principal de la flota del Pacífico Sur de los Estados Unidos de América, en plena Segunda Guerra Mundial. Nuestro protagonista es el teniente comandante *Butch O'Hare*, uno de los más expertos pilotos de caza de la Fuerza Aérea estadounidense (*Ibídem*).

Durante una misión a la que fue asignado junto al resto del escuadrón, en la que tuvo que despegar de urgencia, advirtió en pleno vuelo de formación que sus compañeros habían fallado en llenarle el tanque completo a su avión. En estas circunstancias le faltaría combustible para completar la misión y regresar al portaviones.

De inmediato, reportó su situación al jefe del escuadrón, quien le ordenó regresar al portaviones. A su pesar, Butch se salió de la formación y enfiló de regreso hacia su flota en el Pacifico Sur. Mientras regresaba al Lexington, descubrió algo que le heló la sangre: un escuadrón completo de cazas japonés se dirigía a gran velocidad hacia la flota estadounidense.

Sin tiempo para regresar a su escuadrón y regresar juntos a defender y salvar a la flota del portaviones, y también sin tiempo para alertar del inminente ataque, no le quedó otra salida que intentar desviar por su cuenta al escuadrón japonés para alejarlo de la flota.

Decidido a todo y sin reparar en su propia seguridad, Butch se enfiló en picada hacia la formación de los aviones japoneses. «Activó sus ametralladoras calibre 50 montadas en sus alas y comenzó a disparar alocadamente mientras cargaba directamente hacia la formación japonesa. Así logró derribar a un primer enemigo sorprendido y otro más y otro más». Butch se desplazaba libremente entre el escuadrón enemigo, que estaba desconcertado por la intensidad del ataque, a tal grado que se vio obligado a romper su formación. Mientras tanto, Butch arreciaba con el ataque y continuaba disparando a cuanto avión japonés tuviera en la mira, hasta que sus municiones se agotaron.

A pesar de eso, el joven piloto continuó centrado en su ataque. Y tomó la audaz decisión de enfilar hacia los aviones enemigos con su propio fuselaje, de tal modo que pudiera al menos dañarles las alas o las colas a los aviones enemigos, y así impedirles su vuelo, derribarlos o forzarles a que se retiraran. Su esfuerzo tuvo recompensa y, después de unos interminables minutos de ataque, el escuadrón japonés decidió desviarse en otra dirección, producto de la confusión reinante entre los pilotos.

Una vez despejada el área, Butch se sintió aliviado que todo hubiera pasado y logró llegar con su estropeado avión al portaviones. Había sobrevivido el ataque en solitario y salvado a su flota naval. Al aterrizar, contó lo sucedido y relató los eventos que tuvo que enfrentar al haber salido de su vuelo en formación.

Las películas montadas en sus ametralladoras corroboraron su historia tal cual sucedió, las cuales demostraron hasta qué extremo llevó su valor para proteger a su flota. Este enfrentamiento tuvo lugar el 20 de febrero de 1942 y, gracias a esta valiente acción, *Butch O´Hare* fue reconocido como el primer «As de la Naval» durante la Segunda Guerra Mundial y el primer piloto naval en ser condecorado con la Medalla de Honor del Congreso de los Estados Unidos de América.

En 1943, un año después de su hazaña y con solo 29 años, Butch pereció en combate aéreo. Su ciudad natal, Chicago, decidió honrar su memoria y por eso el Aeropuerto O'Hare se llama así en reconocimiento al mérito de este gran héroe naval estadounidense. Si alguna vez estás en las instalaciones de este famoso aeropuerto, aprovecha reflexionar sobre la acción heroica de este valiente joven y visita el monumento con la estatua de *Butch O'Hare* y su Medalla de Honor del Congreso, que se encuentran entre las Terminales 1 y 2 del aeropuerto.

Pero ahora te preguntarás: ¿Qué tienen que ver estas dos historias entre sí? ¿Cómo se relaciona la una con la otra? *Butch O'Hare* era el hijo de *«Easy Eddie»*, el abogado de Al Capone.

Gran desenlace para dos historias conmovedoras que enaltecen el sentido del valor, del sacrificio y la lealtad en condiciones adversas. Dos ejemplos de virtud heroica, que conmueven por su firme determinación y entrega plena en beneficio de un fin superior: hacer vida los propósitos que dan sentido a la existencia de cada uno sobre la tierra.

En el siguiente capítulo nos centraremos en identificar cuáles son los mimbres que hacen que una persona influya con fuerza en su respectivo entorno personal, familiar y social, a tal grado que lo transforme e inspire a ser mejor.

3. Una fórmula para influir

> *«La fórmula ganadora consiste en tener*
> *una sabiduría humilde multiplicada*
> *con una actitud magnánima».*

Se le atribuye a Séneca un curioso encuentro con un noble romano, al que le rondaba por la cabeza una inquietante propuesta de uno de los emperadores de turno. Según el relato que conozco, el famoso Séneca se encontró un día con este personaje de la nobleza, que estaba muy contrariado porque su emperador le había preguntado si se podía disfrazar de bufón para él en un banquete.

El noble no entendía cómo el César le pudo haber planteado semejante cosa y no atinaba a encontrar una respuesta a esa propuesta que le indignaba, por lo que le preguntó a Seneca qué le aconsejaba hacer ante esta situación. El gran filosofo, le contesta secamente: «¡Hazlo, vístete como bufón!». Nuestro protagonista le responde indignado: «¿Por qué me aconsejas eso?». A lo que Séneca le replica: «¡Porque tú ya eres un bufón para el César! En el momento en el que te planteaste la pregunta en tu interior aceptaste esa posibilidad como cierta».

Esa anécdota tiene mucha sabiduría, porque el que tiene claros sus principios no deja que una propuesta que cuestiona o lesiona su dignidad pueda ser considerada como opción en cualquier ocasión que se presente. Por lo cual, siempre tiene activado su radar ante aquello que pone en entredicho su identidad personal y buena imagen pública, y sabe salirle al paso a toda situación que le amenace.

Te has preguntado cuántas veces a lo largo de los años negamos nuestros principios ante los demás, por miedo al qué dirán, a los respetos humanos, a la autoridad interesada de nuestros superiores o a tantas excusas con las que nos justificamos interiormente. Es una gran contradicción que nos hace renunciar a lo que somos, para complacer lo que los demás quieren que seamos. Pero eso es una rendición voluntaria a la tarea de construir cada día nuestro propio edificio interior. Porque cada vez que cedemos al chantaje de quienes nos prefieren débiles, vulnerables y fáciles de manipular, nos dejamos invadir por el temor de ir a contracorriente y dejamos que nuestro carácter haga aguas.

> Te has preguntado cuántas veces negamos
> nuestros principios ante los demás

En realidad, la cultura actual enaltece al que sigue la corriente y forma parte de esa tendencia que lo enmarca todo en categorías y en estilos de vida afines. Es la cultura del entretenimiento masivo, de los contenidos en serie y de la llamada modernidad líquida. «En el mundo de la modernidad líquida, la solidez de las cosas, como ocurre con la solidez de los vínculos humanos, se interpreta como una amenaza» (Bauman, 2007).

Esta nueva realidad se refleja en todo aquello que está presente en plataformas interactivas, redes sociales y consumo en línea, y que, a su vez, privilegia la virtualidad, la fugacidad y el consumo inmediato. Pero en la misma línea, es una forma de vida que le cuesta asumir todo aquello que suponga espera, contradicción o templanza ante las limitaciones.

En este contexto, es fácil encontrar a los llamados *influencers*, que sobresalen por su forma de ser y sus particularidades. Son las nuevas celebridades del mundo del entretenimiento, que atraen a numerosos seguidores en sus medios de contacto y redes sociales. Sus comentarios, gestos y acciones se viralizan en poco tiempo como una reacción en cadena a través de la tecnología y ejercen una influencia masiva en la forma de pensar, actuar y hablar. Son los nuevos referentes de influencia de muchos niños, jóvenes y adultos alrededor del mundo, y sus actuaciones impactan diariamente en múltiples niveles de la sociedad.

Pero sus logros no siempre trascienden en el tiempo, porque su éxito tiende a ser fugaz y son reemplazados rápidamente por nuevos *influencers* que ofrecen otros estímulos a la audiencia. Los cuales, a su vez, agotan en un abrir y cerrar de ojos sus «quince minutos de fama». Porque, al fin y al cabo, muchos de estos son astros que brillan por un tiempo y luego su luz se extingue con la misma velocidad con la que aparecieron.

Pienso que este afán por la novedad y el cambio no es un fenómeno reciente, pues los seres humanos siempre estamos buscando modelos que nos propongan ideas luminosas, habilidades interesantes y mensajes inspiradores. En la base de toda sociedad, subsiste el anhelo por conocer más, experimentar novedades y descubrir la riqueza de lo original.

> Los seres humanos siempre estamos buscando modelos que nos propongan ideas luminosas, habilidades interesantes y mensajes inspiradores

Ser luz, sal y levadura

Todo chispazo de genialidad es valorado por aquellos que aprecian el destello de luz que ilumina su entorno y realidad personal. Pero también es normal sentirse atraído por la diversidad de posibilidades del talento humano, que se evidencia en la capacidad creativa y en la riqueza artística. Esa luminosidad y suma de talentos consiguen elevar el nivel de desarrollo humano de toda sociedad y producir nuevas transformaciones.

Resulta un verdadero descubrimiento coincidir con personas que saben «ser luz, sal y levadura» en cualquier ambiente en el que se encuentren: Luz para irradiar el saber, sal para aportarle sabor a todo lo que se proponen y levadura para fermentar lo mejor de las personas que forman parte de su realidad humana. Y esta triple combinación genera un atractivo para imitar lo bueno y una favorable disposición para dar frutos.

> Resulta un verdadero descubrimiento coincidir con personas que saben «ser luz, sal y levadura» en cualquier ambiente en el que se encuentren

Personas tan especiales cuya presencia genera una luminosidad particular, que a medida que las conoces y tratas, aprecias con claridad todo lo que significan y comparten en donde se encuentren. Estas personas son la fuerza vital que mueve a quienes están a su alrededor y su actitud es determinante para ejercer una inspiración en todos los que se nutren de su capacidad de influencia. Porque sus acciones y comportamientos siempre son predecibles, y no dejan margen a la ambigüedad ni a la indiferencia.

Quizá hayas escuchado lo que explica Simon Sinek acerca de la teoría de juegos. En una de sus célebres conferencias, este autor comenta que en la teoría de juegos hay dos tipos de juegos: el finito y el infinito (Sinek, 2015). El juego finito lo realizan jugadores conocidos que juegan con reglas fijas y de acuerdo con objetivos acordados (por ejemplo, el beisbol o cualquier otro deporte). Mientras que el juego infinito lo realizan jugadores conocidos o desconocidos, cuyas reglas son cambiables y el objetivo es perpetuar el juego (por ejemplo, la guerra o el negocio).

Cuando enfrentas a dos jugadores finitos, el sistema es estable: uno gana y el otro pierde. De igual modo, cuando enfrentas a dos jugadores infinitos, el sistema también es estable, porque no hay ganadores ni perdedores. No se puede perder el juego, por lo que se trabaja para mantener el partido en acción. Debido a que no hay ganadores ni perdedores, lo único que un jugador infinito puede hacer es abandonar el juego cuando se le acaban los recursos o las ganas de jugar. Pero esto no significa que el jugador que sigue en liza haya ganado, porque en el tiempo surgirán otros jugadores infinitos para seguir jugando.

El problema surge cuando se enfrenta un jugador finito versus uno infinito, porque será el jugador finito el que quedará atrapado en la confusión o el torbellino. Esto suele suceder en el negocio, que es un juego infinito. Porque el negocio ha existido antes que existieran las marcas o empresas, y seguirá existiendo incluso cuando éstas ya no estén.

El caso es que las compañías que actúan como jugadores finitos están jugando para ganar, para ser los mejores o para vencer en el trimestre o en el año. Y les frustra encontrarse con esas compañías que tienen una sorprendente visión de largo plazo, porque enfocan de manera diferente su negocio en el tiempo. Lo interesante es que, en el largo plazo, esos jugadores infinitos ganarán por ser persistentes en su visión y, por el contrario, sus contendientes finitos agotarán sus recursos o las ganas, o en todo caso, serán comprados, vendidos o absorbidos por otros.

Por lo cual, concluye que «lo ideal es ejecutar todas nuestras decisiones a través de nuestros valores, los cuales nos hacen perdurables y son la base del juego infinito» (*Ibídem*). Dicho de otro modo, el porqué de lo que hacemos son nuestros valores, que son infinitos. Mientras que aquello a lo que nos dedicamos, lo que vendemos o el servicio que ofrecemos, son nuestros intereses, los cuales son finitos. En este caso, las decisiones que tomamos no deberían ser tomadas de acuerdo con nuestros intereses, sino de acuerdo con nuestros valores, y cuando esto ocurre nos volvemos predecibles y hace que los demás confíen en nosotros, porque somos lo que representamos ser.

Si esto es así, conviene alinear las ideas que tenemos de acuerdo con los valores en los que creemos y las virtudes que practicamos, para que podamos comportarnos de acuerdo con ese esquema de prioridades y actuar en consecuencia. Cuando esto sucede, quienes nos rodean tendrán razones bien fundadas para creer en nosotros y confiar en lo que les decimos. Seremos verdaderos *influencers*.

> Conviene alinear las ideas que tenemos
> de acuerdo con los valores en los que creemos
> y las virtudes que practicamos

Una fórmula para influir:
Coherencia + Consistencia x Convicción

Después de todo lo que hemos apuntado hasta ahora, conviene sugerir una fórmula que nos permita influir en los demás de tal forma que nuestra manera de ser sea congruente con las premisas esenciales que nos identifican.

La fórmula que propongo es la siguiente: *Coherencia + Consistencia x Convicción*. De tal modo que cualquier persona que se cruce en nuestro camino encuentre siempre a alguien en quien se pueda confiar por la transparencia de su comportamiento, la estabilidad de sus virtudes y, especialmente, por la firmeza de su carácter. Alguien así, demuestra tener una sabiduría humilde multiplicada con una actitud magnánima.

La *coherencia* es esa correlación armónica entre lo que pensamos, hacemos y decimos. Es esencial tener claro quiénes somos y actuar en consecuencia para reflejar esta integridad personal a quien se acerque a nuestra vida. La coherencia de la que hablamos tiene que ver con esta capacidad de hacer siempre lo que está bien, aunque no sea popular o no esté de moda hacerlo. Estas acciones virtuosas no entienden de encuestas o de preferencias culturales, sino de la relevancia de poner los talentos y cualidades personales al servicio de los demás, a pesar de las circunstancias.

Pero la coherencia se complementa con una cualidad que hace a los líderes predecibles: la *consistencia*. Tal y como hemos visto en este mismo capítulo, el desafío de una persona que logra influir en los demás es saber ser el mismo hoy, mañana y pasado mañana. Una persona cuyo comportamiento sea consistente en el tiempo y en sintonía con sus principios. Porque es contradictorio encontrarse con personas ambiguas y vacilantes en su personalidad, cuyas actuaciones resulten ser variables, oportunistas o acomodadas a las circunstancias que se le presenten.

Esa sintonía de las ideas que cada uno piensa con las acciones que cada uno hace, se manifestará de forma transparente en la actitud habitual de sus gestos y palabras. «La transparencia es precisamente la cualidad de lo que deja ver algo que está más allá: las palabras no sirven para ocultar, sino para desvelar» (Mora, 2009). Esta consistencia en la forma de obrar y hablar no es automática, sino que es fruto de la repetición de las buenas elecciones propias en momentos de incertidumbre, tensión o crisis.

Es aquí, justamente, donde se manifiesta el talante ético y recio de una persona afincada en los propósitos que inspiran su vida. Si la *coherencia* y *consistencia* suman en beneficio de una personalidad madura, la *convicción* multiplica la firmeza de un liderazgo influyente que está convencido de las ideas que cree. Porque como bien se dice: «el liderazgo no es una técnica. Su finalidad no es forjar sistemas o estructuras, sino hombres y mujeres. No responde principalmente al saber cómo, sino al saber qué y al saber por qué. No consiste principalmente en "hacer bien las cosas", sino en "hacer cosas buenas"» (Havard, 2018).

> Si la *coherencia* y *consistencia* suman en beneficio
> de una personalidad madura, la *convicción*
> multiplica la firmeza de un liderazgo influyente
> que está convencido de las ideas que cree

Insisto en este aspecto, porque lo que nos atrae de los líderes es la constancia de sus actos buenos. Sabemos con certeza qué podemos esperar de ellos la mayor parte de las veces, porque sus comportamientos van en consonancia con los valores que creen, viven y predican. Alguien así, «al hacer el bien, disfruta, hace lo que le gusta, lo que va con su modo de ser, incluso cuando le cuesta: le supone esfuerzo, pero lo hace con gusto» (Diéguez, 2020).

La convicción es ese «convencimiento» que «tiene una persona de la verdad o certeza de lo que piensa o siente» (Oxford, voz *convicción*). Esa seguridad es la de aquel que está firmemente convencido de las ideas que predica. Porque «el que cree, crea y el que crea, cree», que no es un juego de palabras, sino la certeza de que aquello que conoce, lo ha estudiado, interiorizado y lo ha integrado en su acervo intelectual, moral y espiritual.

No es de extrañar que este convencimiento sea fruto de una intensa reflexión de ideas, hechos y experiencias personales que han dejado huella en su mente y corazón. El impacto que supone para una persona el conjunto de vivencias y sensaciones que ha experimentado en carne propia, significa un inventario poderoso de sabiduría que cobra vida cuando está enriquecida con la virtud de la prudencia. Puesto que la prudencia trasluce la belleza de un corazón sabio, que inspira por su virtud, cautiva por su sencillez y resuena por su mensaje de verdad.

> La prudencia trasluce la belleza de un corazón sabio, el cual inspira por su virtud, cautiva por su sencillez y resuena por su mensaje de verdad

Resulta enormemente creíble y confiable la persona cuya manera de ser refleja rectitud de intención, buena voluntad y, especialmente, un carácter virtuoso. Alguien así influye de forma natural en los demás, porque su personalidad es fruto de haber aprendido a atenuar las aristas de su temperamento y a fortalecer los atributos de su carácter. Ha surcado los mares agitados de su propia voluntad y ha acertado con determinación para encontrar el equilibrio de un mar en calma.

Una personalidad así es fruto de haber encontrado la sabiduría en medio del ambiente confuso y disperso que a menudo le rodea. Porque como dice Claude Bernard, «quien no sabe lo que busca no entiende lo que encuentra». Para muchos resulta más cómodo dejarse sorprender por las apariencias que centrar la atención en lo esencial de la vida: «Lo que se necesita para conseguir la felicidad, no es una vida cómoda, sino un corazón enamorado» (Escrivá, 1998).

Esto que he apuntado me hace recordar un diálogo maravilloso de la película *Conoces a Joe Black* (*Meet Joe Black*, 1998). El filme cuenta la historia de Bill Parrish, un poderoso e influyente magnate de las telecomunicaciones que tiene dos hijas, Allison y Susan, y quien a pocos días de cumplir 65 años escucha una voz en su interior que le confirma con un «sí» que su muerte se acerca.

Una mañana, después de escuchar esa misteriosa voz en su habitación y haber experimentado una extraña sensación en su cuerpo, Bill mantiene una conversación cara a cara con su hija Susan en el helicóptero que los lleva de regreso a la ciudad. Ella tiene una relación de noviazgo con Drew, mano derecha de su padre, por lo que el diálogo gira en torno al amor y cómo encontrarlo.

Bill inicia la conversación preguntándole a su hija si quiere a Drew, pero Susan le responde con una pregunta: «¿Cómo tú querías a mamá?». Bill le dice que se olvide de él y de mamá, y luego le pregunta si se van a casar. Ella no contesta directamente, sino que solo se limita a decir: «Es probable». Por lo que su padre le habla de las cualidades de Drew: «Es un chico estupendo, despierto, agresivo, capaz de llevar Comunicaciones Parrish hacia el Siglo XXI y a mí con ella». A lo que ella responde: «¿Y qué hay de malo en eso?». Entonces le contesta que eso es para Bill Parrish, pero que él se refiere a ella, porque no es lo que ella dice de Drew, sino lo que no dice de él.

La conversación se intensifica en torno a lo que él percibe de la relación sentimental de ambos: «No hay una gota de entusiasmo, ni un ápice de emoción. Veo en esta pareja la pasión de un par de pingüinos. ¿Dónde está tu arrebato? Quiero que levites, quiero verte cantar y bailar como una posesa». Ella sonríe y le dice: «¿Eso es todo?». A lo que él le replica: «Sí, verte feliz hasta el delirio o dispuesta a hacerlo». Ella asiente y le dice que hará todo lo que pueda.

Y es entonces cuando Bill aprovecha explicarle lo que para él es el amor: «El amor es pasión, obsesión, alguien a quien necesitar. Mira, pierde la razón. Encuentra a alguien a quien querer como loca y que te quiera de igual manera. ¿Cómo encontrarlo? Olvida la cabeza y escucha al corazón. No oigo ese corazón. Llegar a viejo sin haberse enamorado de verdad es como no haber vivido. Tienes que intentarlo, porque si no lo intentas no habrás vivido» (*Ibídem*).

Pienso que esta reflexión que hace en voz alta el protagonista es clave para comprender la importancia de hablarle al corazón de las personas, porque es ahí donde se conecta con las aspiraciones, anhelos y propósitos más profundos que todos tenemos: amar y ser amados. De hecho, en el corazón está la fuerza de voluntad que nos impulsa a hacer la diferencia y ser factor de cambio a la hora de transformar cualquier entorno. De esto hablaremos en el siguiente capítulo.

4. Transformar el entorno personal

> *«Como no sabían que era imposible,*
> *lo hicieron».*
> **Anónimo**

¿Te has fijado en la poderosa fuerza de atracción que genera un imán en los metales que tiene a su alrededor? Su presencia cercana crea un campo magnético permanente debido a ciertos fenómenos microscópicos que hacen girar los electrones sobre sí mismos, los cuales atraen las partículas metálicas en dirección perpendicular hacia él.

Su fuerza de atracción es invisible, pero sus efectos son visibles debido a la dirección y velocidad que ejerce su campo magnético sobre el hierro y otros metales con los que interactúa. Resulta interesante ver como algunos metales se convierten en otros imanes cuando mantienen contacto permanente con un magneto.

¿No es acaso similar esta fuerza magnética que ejerce un líder en su entorno inmediato cuando sabe influir en los demás con su presencia? Puede que sea un líder joven o curtido en años, pero su presencia impacta de modo decisivo en todo equipo, familia, empresa, organización o nación en donde hace cabeza. Sus cualidades de atracción son tan fuertes, que consigue convocar a otros a su eje de acción y alinear las voluntades a la visión que quiere hacer realidad.

> Resulta interesante ver como algunos metales se
> convierten en otros imanes cuando mantienen
> contacto permanente con un magneto

Ser factor de cambio

Es clave contar con líderes que son el punto de ig-
nición de un proceso de transformación en cualquier entorno. Su influencia ejerce una inspiración para quienes
dependen de sus ideas, decisiones y acciones. Líderes de
esta naturaleza, son un factor de cambio que contribuyen
con su actitud a hacer la diferencia en su relación personal
y profesional con los demás.

Hablamos de una actitud esencial del líder que propone con su ejemplo de actuación una manera de pensar, operar y resolver las situaciones. Esta forma de ser le
identifica, puesto que va en línea con su carácter particular y su talante ético. Si es alguien íntegro, todos sabrán
qué esperar en sus intervenciones, porque su actuación
habitual estará en la línea de lo transparente y auténtico.
Es posible que se equivoque en algunas ocasiones, pero
buscará la oportunidad de rectificar y retomar el rumbo
acorde a sus valores.

Son un factor de cambio en cualquier lugar, porque su
liderazgo está centrado en las personas en las que confía
y con las que logra hacer realidad los sueños, proyectos,
objetivos y propósitos que tiene en mente. Son como la le-

vadura que fermenta la masa, la energía que impulsa una enorme máquina o como la gota que al caer al agua crea círculos concéntricos en amplia expansión. Pero también son las vitaminas que fortalecen las defensas de todo el organismo humano o, mejor aún, la inyección que hace circular con fuerza la medicina por todo el torrente circulatorio de su entorno particular.

> Son como la levadura que fermenta la masa, la energía que impulsa una enorme máquina o como la gota que al caer al agua crea círculos concéntricos en amplia expansión

Valga la siguiente anécdota como un ejemplo de lo que significa ser factor de cambio en la sociedad. La protagonista de la historia es la Madre Teresa de Calcuta, que rondaba en ese momento por los 70 años. Sucedió en una conferencia de prensa cuando un periodista le preguntó con poco tacto y de modo directo: «Usted se morirá y el mundo seguirá siendo igual que antes. Después de todo su esfuerzo, ¿qué es lo que ha cambiado en este mundo?». Y ella, sin perder la calma, le contestó: «Verá, yo nunca he querido cambiar el mundo, yo solo he procurado ser una gota de agua pura en la que se refleje el amor de Dios. ¿Le parece poco?».

Y como suele suceder en casos así, se hizo el silencio en la sala. La Madre Teresa se dirigió de nuevo al periodista, y le dijo: «¿Y por qué no intenta usted también ser una gota de agua pura? Así ya seremos dos los que lo intentan. ¿Está usted casado?». «Si», le contestó el periodista. «Pues háblele también a su mujer, y ya somos tres. ¿Y tiene hijos?». «Si, tengo tres hijos», le dijo este. «Pues mire, si habla también con sus hijos, ya somos seis gotas de agua pura». En fin, ser gota de agua pura que refleje el amor de Dios.

El aprendizaje de esta anécdota tiene que ver con la importancia de ser y hacer la diferencia en donde nos encontremos. No es preciso tener poder, fama o fortuna, sino tener la voluntad de hacer el bien en donde tengamos ocasión de estar y vivir. Lo esencial es tener voluntad de servir y ayudar a quien necesite de nuestras manos y bienes. Pero también es bueno sumar voluntades y combinar esfuerzos, para que esa entrega generosa llegue multiplicada por el talento, la energía, el tiempo y los recursos invertidos en su dedicación. Esa capacidad de incidir con la propia intervención personal se traduce en una influencia tan grande, que también hace mover a los demás a la acción.

> No es preciso tener poder, fama o fortuna,
> sino tener la voluntad de hacer el bien en
> donde tengamos ocasión de estar y vivir

Mandar o influir

El problema es no saber sacar partido de ese enorme potencial de influencia en los demás, porque se considere que la atracción ejercida es suficiente para gestionar el poder y gobernar a una comunidad de personas. El equívoco es confundir el verdadero sentido del liderazgo con la mera acción de mandar, porque ejercer poder y solo aplicarlo para dar órdenes es perder una valiosa oportunidad de influir en las personas a cargo y sacar su mejor versión.

Me parece que el gran secreto de las personas que ejercen una gran influencia en los demás radica en la confianza que demuestran a las personas a su cargo en las pequeñas o grandes responsabilidades. Ese fiarse plenamente del compromiso personal o colectivo de un equipo, se refleja en gestos que confirman el valor de la libertad y la confianza. «Comprometerse a algo es garantizar que uno será en el futuro el mismo que es hoy: que querrá mañana lo mismo que quiere hoy. Pero esto solo puede garantizarlo el que es dueño de sí mismo y, por tanto, dueño de sus actos» (Cruz, 2022).

Por ejemplo, la influencia del líder es notoria y concreta cuando su equipo es capaz de trabajar de forma autónoma en su ausencia, así como tomar decisiones, asumir encargos y mantener presente la visión global en sus iniciativas. En cambio, si las personas solo funcionan a fuerza de instrucciones o de órdenes para trabajar determinadas cuestiones, es un síntoma de apatía o falta de iniciativa para cumplir lo que se les ha encargado. En casos así, resulta inquietante verlos funcionar, porque dejan entrever una falta de compromiso personal y de cohesión como equipo.

> La influencia del líder es notoria y concreta
> cuando su equipo es capaz de trabajar
> de forma autónoma en su ausencia

La cuestión básica es preguntarnos qué uso queremos hacer de esa capacidad de influir, porque de lo contrario quizá estemos consolidando la figura del jefe autoritario o impositivo. Aquel cuya presencia imponente hace mover los hilos de la voluntad de las personas, pero a fuerza de su tono de voz, su mal carácter o de su persistencia para que todo avance. No se puede generalizar, pero en ocasiones da la sensación de que muchos colaboradores de un jefe así renuncian a su propia voluntad y autonomía de acción para ser teledirigidos por la voz de mando de éste.

La influencia real del líder

La pregunta clave es: ¿cómo puede influir el líder en las personas de su equipo para que las cosas que hacen fluyan mejor? O, mejor dicho, si esa posibilidad de influir en otros está ahí y es real, ¿qué grado de responsabilidad tiene el líder en esa realidad y cómo puede utilizarla mejor? La solución, la copio de una respuesta que dio el magnate Elon Musk a la pregunta de las características que busca en los futuros empleados de su compañía SpaceX: «Una ética de trabajo súper dura, talento para construir cosas, sentido común y confiabilidad».

En otras palabras: capacidad de trabajo, talento puesto en acción, iniciativa y compromiso, que hace a las personas dignas de confianza para cualquier responsabilidad o encargo, por difícil que este sea. Quizá suena como algo fácil de decir o muy simple de lograr, pero lo cierto es que la confianza es el fruto de esa combinación de factores que solo se hacen posible cuando interactúan entre sí. Lograrla es un bien que toma tiempo y esfuerzo, porque su eficacia es el resultado de numerosos actos de fiabilidad y adecuación con la causa.

Esa confianza es producto de una capacidad de servir de forma incondicional a los suyos, lo cual le hace ser atractivo y cercano a quien lo necesite. Pero su influencia también tiene que ver con el entorno adecuado en el que el líder y su equipo se desenvuelven, porque todos y cada uno tienen la capacidad de hacer cosas notables si están rodeados de un ambiente fértil para sumar esfuerzos y de un marco sólido de confianza.

Pensemos en un equipo deportivo, que está integrado por jugadores con diversidad de talentos particulares, los cuales se potencian entre sí en la medida que el pasador, armador o generador de jugadas procura integrar esos talentos en beneficio de todo el equipo y no solo de sus metas personales. En ocasiones, ese cerebro creativo de juego o «playmaker» puede ser un rey solitario atrapado en su propio castillo medieval, a quien se le tiene idealizado como un ser perfecto y casi divino. Cuando en realidad, su capacidad articuladora estriba en controlar el flujo del juego y aprovechar el talento de sus compañeros de equipo para encestar canastas, anotar puntos o meter goles, y con ello, ganar el juego como un solo equipo.

> Su capacidad articuladora estriba en
> controlar el flujo del juego y aprovechar el
> talento de sus compañeros de equipo

En algunas circunstancias específicas, ese creador de juego pondrá su talento extraordinario al servicio de los demás y se echará el equipo a hombros, para hacer la diferencia en un momento decisivo de máxima tensión o de mínimo margen de error. Lo hará desde su serenidad en la prueba, de su capacidad para inspirar lo mejor en sus compañeros o, en casos extremos, para anotar el punto de la victoria al final del partido. Puede decirse que son los héroes en las batallas más complicadas, pero en realidad son los que más han perfeccionado sus talentos a través del esfuerzo y su incansable dedicación.

Me viene a la memoria un magnífico comercial de la marca deportiva *Nike*, en el que el legendario basquetbolista *Michael Jordan* reflexiona frente a unos jóvenes sobre su peculiar estilo de juego: «Quizás es mi culpa; quizás te hice creer que era fácil, cuando no lo era; quizás te hice pensar que mi brillo comenzaba en la línea de tiros libres y no en el gimnasio; quizás te hice pensar que cada tiro que tomaba era un tiro ganador; que mi juego estaba construido por *flashes* y no por fuego; quizás es mi culpa que no vieras que fallar me daba fuerza, que mi dolor era mi motivación; quizás te hice creer que el basquetbol era solo un don divino y no algo por lo que trabajaba todos y cada uno de los días de mi vida; quizás destruí el juego o quizás solo están poniendo excusas» (Michael Jordan, 2012).

No pongamos excusas, no pensemos que el éxito es fácil. Porque el talento que no se trabaja no desarrolla todo su potencial y se queda estancado. No basta con querer hacer bien las cosas, sino que hay que dedicar muchas horas de esfuerzo para desplegar las mejores cualidades de nuestra mente, cuerpo y voluntad. «El tiempo magnifica el margen entre éxito y fracaso y va a multiplicar aquello que repites con frecuencia. Los buenos hábitos terminan siendo tus aliados. Los malos hábitos acaban por convertirse en enemigos» (Clear, 2019).

> El talento que no se trabaja no desarrolla todo su potencial y se queda estancado

Hacer posible lo imposible

Parece una paradoja, pero no lo es. La inspiración de un genio, de un gran artista o de un célebre escritor, no es el resultado de una chispa eventual o insólita, sino más bien el resultado de una larga cadena de circunstancias que la hacen posible. En otras palabras, el desarrollo de un invento, una gran obra de arte o un éxito musical, no es el producto de una improvisación casual o una lotería de hechos fortuitos. No niego que alguna vez puede ser así, pero lo habitual es todo lo contrario.

¿Cuáles son las claves que definen a las personas que trascienden en el mundo por su persistente sentido de continua superación y cuya inspiración es capaz de hacer realidad su visión con gran acierto?

1. **Tienen un sueño que les motiva a hacerlo realidad**. Es un anhelo tan sólido de lograrlo que todo se alinea para el éxito de su proyecto. Personas así, no se ponen a cavilar si aquello es imposible hacerlo o fuera de toda lógica, sino que su aliciente es encontrar la ruta adecuada hacia su consecución, porque saben que su trabajo será de provecho para la humanidad. Tal y como reza la frase de inicio de este capítulo: «Como no sabían que era imposible lo hicieron». En otras palabras, no ponen límites a su imaginación.

2. **Están siempre en camino**. Su actitud es de ir siempre hacia adelante y avanzar cada día con determinación hacia la meta. No se quedan estancados en un mismo lugar, porque saben que eso les resta tiempo y eficacia, sino que su motivación es seguir en la ruta que tienen en mente, la cual van ajustando según sea necesario. No se desalientan por los obstáculos que enfrentan, por las malas condicio-

nes existentes o por la falta de disponibilidad de recursos. Por el contrario, esas circunstancias son motivaciones que les impulsan a encontrar nuevas rutas a la meta definitiva.

3. **Se apoyan en aliados o benefactores que validan su esfuerzo**. Por lo cual, no basan su trabajo en premisas falsas, sino en generar una nueva idea o solución a partir de dos o más ideas conocidas que al combinarse producen algo diferente, pero cuya aplicación o uso es de gran novedad y beneficio para el público favorecido con su talento creativo. Saben ilusionar a otros con su sueño, para lograr adhesiones, apoyos y sumarlos al esfuerzo de sus iniciativas o proyectos. Tener aliados que apoyen una causa o propósito concreto, es un factor que incide favorablemente en su éxito y hace posible que una idea cobre fuerza en la sociedad. Compartir un sueño y lograr aliados para hacerlo realidad, es decisivo en la evolución de un proceso de invención o de una obra de arte. Si no hubiera sido así, no tendríamos en nuestras manos los grandes inventos, genialidades y hallazgos que benefician a la humanidad.

4. **Cuentan con una férrea confianza de su entorno particular**. La riqueza de una persona fuera de serie es que está rodeada de personas extraordinarias que creen en ellas y que les impulsan a lograr sus sueños, a pesar de las adversidades o limitaciones

aparentes que tengan que superar. Pienso en el ambiente de confianza que promueven unos padres de familia cuando apoyan a los hijos en sus anhelos y sueños, o el entrenador de un equipo que sabe identificar los talentos desconocidos de sus jugadores o el líder que reconoce las cualidades excepcionales de sus colaboradores.

No cabe duda de que tener un sueño, disponer de una firme determinación, así como contar con un equipo de apoyo y la confianza plena de un entorno particular, son razones positivas que activan la mejor versión de las personas. La suma de todas esas claves logra el prodigio de generar personas excepcionales que hacen tanto bien en donde se encuentren. Líderes que influyen decisivamente en quienes les rodean, porque sus palabras inspiran a otros, sus experiencias les hacen confiables y sus acciones mueven voluntades.

En el próximo capítulo hablaremos del amigo, confidente y mentor. Tres formas de ser que asumen las personas que influyen en el trato cara a cara de sus relaciones humanas.

5. Amigo, confidente y mentor

> *«No hay riqueza tan segura*
> *como un seguro amigo».*
> **Luis Vives**

Resulta tentador pensar que el liderazgo es un don con el que ciertas personas nacen, que está reservado solo para unos cuantos privilegiados que tienen unos talentos extraordinarios y a los cuales se les facilita ponerlos en acción porque siempre se sienten muy cómodos al mando del timón.

Me parece que pensar así no es del todo acertado, puesto que el líder no solo nace, sino que también se hace a través del aprendizaje, de la experiencia personal y, particularmente, de la presencia de personas con mucha sabiduría que forman parte de su entorno. «Pedir consejo es propio del que aspira a conducirse con prudencia» (Ayllón y Muñoz, 2010). Además, liderar nunca es un trabajo sencillo ni cómodo, porque es un desafío gestionar la responsabilidad de cara al futuro sin descuidar los retos del corto plazo.

Respecto a esta discusión acerca de sí el líder nace o se hace, Mario Alonso Puig explica en una entrevista: «el líder se entrena. Todos nacemos con un potencial, pero no todo el mundo desarrolla esa capacidad que tiene en su propia esencia. Es un camino no para ser quien no eres, sino para ser quien estás llamado a ser» (Puig, 2022).

Considero que es una buena manera de abordar esta cuestión, puesto que ese potencial con el que nacemos no siempre resulta fácil de desarrollar por nuestros propios medios. Hace falta un entorno adecuado, unas circunstancias que lo faciliten y, especialmente, una variedad de personas a lo largo de la vida que nos orienten con su sabiduría y buen criterio. «Si conoces tu deber, cúmplelo; si no lo conoces, busca buenos consejeros» (Marco Aurelio, 2014). Aliados externos que influyen de forma activa en el líder en formación. Es todo un proceso de aprendizaje.

Las influencias externas nos marcan muchas pautas desde temprana edad, que en ocasiones se convierten en nuestros modos de ser. «No somos tan nosotros como a veces nos pensamos. El mundo cultural nos va moldeando sin que nos demos cuenta. La personalidad se desarrolla siempre de un tejido social, y de él aprendemos a comportarnos, y en los primeros años de la vida hasta bien pasada la adolescencia, la admiración va encaminada a incorporar en nuestra vida modelos concretos de conducta copiados de los demás» (Martí García, 2001).

> Las influencias externas nos marcan muchas
> pautas desde temprana edad, que en ocasiones
> se convierten en nuestros modos de ser

Tener personas que nos orienten en el camino de nuestra formación es un privilegio y una enorme ventaja, porque nos permiten forjar la personalidad y adquirir madurez a medida que vamos superando las diferentes etapas de la vida. Tiene razón el estadista griego Solón, cuando afirma que «aquel que ha aprendido a obedecer, sabrá cómo dirigir», porque reconoce la autoridad de los mayores y de sus superiores. Alguien así es dócil para seguir indicaciones y rápido para ejecutarlas, pues tiene confianza que aquello que le mandan es por su bien.

El desafío es llegar a tener un criterio propio y bien fundado, para que, en el momento de tomar las pequeñas o grandes decisiones personales, sea cada uno dueño de su propio destino. Es verdad que nadie quiere equivocarse, pero lo usual es tener altibajos a lo largo del proceso de aprendizaje, pues contribuyen a robustecer el carácter y sacar lecciones de vida. «Quién no sabe para qué vive no sabe quién es» (Marco Aurelio, 2014).

Lo peor es obsesionarse con la perfección y el éxito, hasta el punto de pensar que tomar decisiones equivocadas es un síntoma de fracaso o signifique quedar mal con los demás. Tiene sentido lo que dice Herbert Swope: «No puedo darte la fórmula del éxito, pero sí puedo darte la del fracaso: trata de complacer a todos». Y esto sí que es un despropósito, porque tratar de complacer a todos es un mal hábito que atormenta y retrasa las decisiones.

La ruta hacia la madurez personal requiere subirse a hombros de gigantes, para tener un mejor panorama y ver más allá de las propias limitaciones. Desde un punto de vista más alto, se puede apreciar de mejor manera lo que se tiene por delante y lo que se ha dejado atrás. Toda vez que se adquiere esta vista panorámica, se dispone de más información para los próximos pasos, porque lo que espera es el mañana. «Por esta razón, las opiniones de los expertos, de los ancianos y de los prudentes no valen menos que las demostraciones, pues la experiencia les ha dado vista, y por eso juzgan rectamente» (Aristóteles, 1985).

> La ruta hacia la madurez personal requiere subirse a hombros de gigantes, para tener un mejor panorama y ver más allá de las propias limitaciones

Es muy ventajoso formarse con la experiencia de los mayores o recorrer la bibliografía de los grandes clásicos, pero todavía mejor si se es humilde para aceptar la ayuda de otros y mostrar un espíritu sencillo y modesto en cualquier situación. «La firmeza de carácter de quien tiene autoridad significa reconocer las propias carencias. Consultarás a otros y buscarás consejo; pedirás ayuda y delegarás voluntariamente en los demás» (Lovasik, 2015).

Es bueno saber fiarse de las personas adecuadas, porque quienes nos aprecian no nos desearán el mal ni nos harán tropezar, puesto que su afán será hacernos crecer y sacar provecho de las mejores ideas. «No soy amigo tuyo si cualquiera de tus asuntos no lo hago también mío. La amistad hace que todo entre dos sea común. Al ser amigos, vivimos la misma vida» (Séneca, 1986).

Aliados de cabecera

Siempre me ha gustado esa figura del médico de cabecera, que conoce el historial médico de sus pacientes, las enfermedades que han padecido y el tratamiento respectivo que les han indicado. Generalmente es un médico general, que atiende al paciente desde los primeros síntomas y, según lo considere necesario, puede referirlo con un especialista o solicitar una segunda opinión a otro doctor. En todo caso, es una fuente fiable de consulta, porque conoce de quién se trata, tiene a la mano todos sus antecedentes médicos y cómo ha evolucionado en cada caso tratado.

Pienso que al igual que en el plano médico, también es buena idea contar con aliados de cabecera con los que uno pueda contar en temas de índole personal o profesional. Nadie es autosuficiente para valerse por sí solo en esta vida. Mejor si tenemos cerca a las personas que más nos inspiran confianza, aprecio y serenidad en momentos de inquietud, incertidumbre o contradicción. «Preferimos ser queridos, pero la amistad consiste más en querer. Como las madres, que se complacen en querer sin pretender que su cariño sea correspondido. Por eso, los amigos que saben querer son seguros» (Aristóteles, 1985).

Porque en esas situaciones que desbordan nuestra capacidad de respuesta o de comprensión sosegada de los hechos, qué mejor que disponer de la mirada objetiva, desapasionada y prudente de buenos consejeros. Personas sensatas que nos ayuden a disipar los nubarrones que nos invaden la cabeza en situaciones críticas y complejas.

Según sea el caso, estos aliados de cabecera nos dedicarán su atención y oportunos consejos, para tomar el mejor curso de acción. Aun así, es posible que nosotros no sigamos lo que estos nos sugieren y en el ejercicio de nuestra libertad optemos por otras vías, quizá algunas equivocadas. Pero incluso ante nuestra tozudez, estos seguirán disponibles para ayudarnos cuando más los necesitemos y pidamos su apoyo. Son los amigos, confidentes y mentores.

Amigos, confidentes y mentores

En las crisis y grandes pruebas de la vida, se distingue la calidad humana y moral de las personas que forman parte de nuestra realidad. Basta que estemos enfrentando una dificultad por encima de nuestras fuerzas, para darnos cuenta de que es muy difícil superarlas con nuestros recursos limitados y propias claves de solución. Al respecto, se pregunta Aristóteles: «¿Necesitamos más a los amigos en la prosperidad o en la desgracia?». Y él responde: «en ambas situaciones los buscamos: para pedir ayuda o para compartir la alegría. Pero es más necesaria la amistad en el infortunio, y más noble en la prosperidad» (Aristóteles, 1986).

> En las crisis y grandes pruebas de la vida, se distingue la calidad humana y moral de las personas que forman parte de nuestra realidad

Resulta de gran valor conocer a personas que saben ganarse nuestra confianza y afecto con su cercanía, sinceridad y naturalidad. Si las tenemos cerca y cultivamos la relación con ellas, algunas se convertirán oportunamente en pilares esenciales en los que podamos apoyarnos e impulsarnos con fuerza hacia la meta. «La buena persona, al hacerse amiga de alguien, se convierte en un bien para su amigo» (*Ibídem*).

A lo largo de la vida tendremos acceso a muchos conocidos, pero pocos se convertirán en verdaderos amigos. «La verdad es que no se exagera cuando se dice que un buen amigo es un gran tesoro. Pero ¡qué difícil encontrarlo y, sobre todo, qué difícil mantenerlo en la adversidad!» (Martín Descalzo, 1999).

El esfuerzo de construir y preservar una amistad es fruto de la capacidad de conocerse bien y tenerse verdadero aprecio, a pesar de los defectos que se tengan. «Los defectos ajenos no te llamarían tanto la atención si te pararas a examinar los tuyos. De vez en cuando toma prestadas las gafas del prójimo. Si te miras a ti mismo como lo haces con los demás, es probable que no des crédito» (Lovasik, 2015).

La amistad es el resultado de una firme confianza mutua, en la que predomina la apertura al otro, el sentido de disponibilidad, la palabra sincera y la entrega generosa. Y especialmente tiempo, porque no hay confianza sin tiempo. «Si quieres tener amigos, tómate la molestia de hacer cosas por los demás: cosas que requieran tiempo, energía, generosidad y atención» (*Ibídem*).

El verdadero amigo es un confidente fiel que sabe guardar la discreción de las conversaciones e intimidades que se revelan en el diálogo cara a cara. «La amistad es fruto del convivir compartiendo. Los amigos comparten cosas, gustos, puntos de vista, proyectos. De hecho, la amistad suele nacer cuando dos o más compañeros descubren que tienen algo en común, desde la afición por un deporte a la coincidencia en los estudios. Solo los que no tienen nada no pueden compartir nada. Solo los que no van a ninguna parte no pueden tener compañeros de ruta» (Ayllón y Muñoz, 2010). Es la amistad de los que saben escuchar y compartir el bien con el otro.

Ese saber escuchar con atención, seriedad e interés refleja la disposición del confidente para expresar el enorme aprecio que tiene hacia el amigo que manifiesta un problema, inquietud o una gran tribulación. «Sabes escuchar si callas tanto como hablas, porque de ese modo deseas mostrar tu comprensión y consideración hacia alguien» (Lovasik, 2015). El que obra así, demuestra un sentido de apertura y una gran manifestación de caridad.

¡Cuánto bien hace tener un amigo en quien confiar los agobios personales y encontrar apoyo en momentos de gran adversidad o confusión! Un amigo fiel es un bálsamo que alivia nuestras heridas y reconforta nuestro espíritu con sus palabras y gestos oportunos. «El auténtico significado de la caridad consiste antes en dar lo que *eres* que en dar lo que *tienes*. El prójimo no necesita parte de tu dinero o de tus bienes: aspira a una parte de tu corazón. El amor no puede existir a menos que esté basado en la entrega personal que es el sacrificio propio» (*Ibídem*).

En tantas ocasiones, la primera vía para encontrar una solución a una situación preocupante o compleja es poder desahogarse con confianza ante un amigo y expresarle nuestros más grandes temores. Bien dice Graham Greene, que «si conociéramos los hechos, tendríamos compasión hasta de las estrellas». Y en efecto, en esos hechos, encontramos la explicación detallada de sus conflictos, aflicciones e indecisiones.

Es aquí cuando los verdaderos amigos y confidentes pasan a la acción, y se convierten en sabios y prudentes mentores que nos iluminan con su experiencia. Un mentor, después de conocer los hechos, sabe hacer las preguntas correctas y se fija en los aspectos relevantes, para que el amigo sea capaz de hilar fino en las reflexiones que debe hacer y tome las mejores decisiones. Una persona así hace vida en sus palabras lo mejor de lo que sabe, conoce y dice, porque habla desde la voz madura de quien ha experimentado en carne propia diversas encrucijadas. Por lo cual, tiene una mirada llena de esperanza hacia el futuro, a pesar de lo nebuloso que esté el tiempo presente.

Cuando esto ocurre, la relación de confianza cobra fuerza y se ilumina el panorama. Esa contribución de sabiduría que aporta el mentor permite vislumbrar un brillo de felicidad que suscita nuevas sensaciones y soluciones.

Esto no tiene precio en una verdadera amistad. «La única compensación que debes procurar lograr de alguien es la sensación de que le has hecho un favor que no tiene posibilidad de devolverte. Esta sensación permanece en la memoria hasta mucho tiempo después» (*Ibídem*).

> Esa contribución de sabiduría que aporta el mentor permite vislumbrar un brillo de felicidad que suscita nuevas sensaciones y soluciones

Al respecto, viene a mi memoria la trama de una gran película titulada: *Sueños de fuga* (*Shawshank Redemption*, 1994), que relata la historia de *Andy Dufresne*, un banquero que es condenado a dos cadenas perpetuas en la prisión estatal de Shawshank por el crimen de su esposa y del supuesto amante de esta. Crimen del que Andy se declara inocente.

Después de ingresar en esta dura prisión, gobernada por el ambiguo alcaide *Norton* y el cruel capitán *Hadley*, Dufresne se hace amigo de *Red*, un reo dedicado al contrabando a quien le encarga un martillo para labrar piedras. En una primera etapa en la prisión, debe defenderse como puede de una pandilla de acosadores que continuamente le emboscan y agreden.

Meses después, él y Red son seleccionados para reparar el techo de uno de los edificios de la prisión. Durante este encargo, Andy se entera de un problema fiscal del temido capitán Hadley, a quien ofrece ayudar, con lo que se gana su confianza, la del resto del personal y del poderoso alcaide. Debido a sus reiterados servicios fiscales a los agentes y al alcaide, se le permite trabajar en la biblioteca de la prisión, que gradualmente y gracias a su gran persistencia la convierte en la mejor biblioteca estatal.

Cuando han transcurrido 18 años de estar en prisión, llega a Shawshank un nuevo preso llamado Tommy, quien al conocer la historia de Andy le revela que él conoce al verdadero responsable de los dos crímenes que le atribuyen al banquero, pues coincidieron en la prisión durante su condena anterior. Esto provoca que Dufresne le pida al alcaide que reabra su caso, pero este se niega por temor a perder sus servicios y manda a quitarle la vida a Tommy para que no declare a su favor. Esto genera una serie de conflictos de Andy con el perverso alcaide, que ahora le trata con severidad y le manda a encerrar en el calabozo de la prisión.

Esta situación provoca que Dufresne le diga a Red que considera cumplida su condena en Shawshank, y le cuenta su plan de establecerse en Zihuatanejo, un pequeño pueblo mexicano a orillas del Océano Pacífico. En la conversación le pide a Red que le acompañe a ese pueblo una vez salga de la prisión. Le dice que al salir, busque un lugar donde le dejará un regalo y las instrucciones para dar con él. La conversación deja perplejo a Red, que se cuestiona sobre la salud mental de Andy.

Esa noche, mientras todos duermen, Andy Dufresne hace realidad su anhelado sueño de fuga. Se escapa a través del largo túnel que ha labrado con su martillo durante los 19 años en prisión. Su exitoso escape desata una serie de consecuencias que impactan al corrupto alcaide Norton, al cruel capitán Hadley y demás implicados en la trama. La satisfacción por el logro de Andy es unánime entre el resto de sus compañeros de prisión, especialmente en su gran amigo Red.

Un año después de la fuga de Andy, le conceden la libertad condicional a Red, y tras un breve tiempo de dudas, sigue las instrucciones convenidas para ir a buscar a su gran amigo a Zihuatanejo. La película termina con el emotivo reencuentro de los dos protagonistas a la orilla de la playa. La libertad ha triunfado después de una larga vida en prisión (Cfr. *Ibídem*).

¿Qué aprendizajes se pueden sacar de esta trama? El primero es que la amistad se puede encontrar incluso en los lugares más insólitos y hostiles, como es el caso de una prisión, un hospital o una trinchera de guerra. Lo segundo es el grado de confianza que ambos amigos logran tener durante su cautiverio, a pesar de las condiciones tan adversas que ambos enfrentan. Y tercero, es la disposición de apoyarse mutuamente con buena voluntad y firmeza de convicción, con la actitud del sabio mentor que siempre ofrece una respuesta de esperanza a la situación más compleja que se presente en la vida.

En resumen, cada protagonista es un amigo, un confidente y un mentor del otro, que consigue sacar la mejor versión mutua y de quienes confluyen en su esfera de amistad. Siempre que hay un clima propicio para la buena relación humana se crean círculos de amistad y ondas expansivas de buen ejemplo y superación. «Está escrito en nuestro propio corazón: hay que alegrarse de los éxitos de los amigos como si fueran nuestros» (Séneca, 1986).

> Cada protagonista es un amigo, un confidente y un mentor del otro, que hace sacar la mejor versión mutua y de quienes confluyen
> en su entorno de amistad

En el próximo capítulo hablaremos de la importancia de forjar redes de influencia positiva con nuestra familia, amigos y compañeros de trabajo.

6. FORJAR CÍRCULOS DE INFLUENCIA POSITIVA

*«Los líderes no crean seguidores,
sino más líderes».*
Tom Peters

Recuerdo con gratitud muchas experiencias personales. Pero, de todas ellas, guardo con especial cariño una experiencia de mi niñez que siempre me ha gustado compartir en público.

Yo tenía un buen amigo y compañero de colegio que me invitaba a comer con cierta frecuencia a su casa. No era lujosa ni grande, sino una casa cómoda, limpia, ordenada y con todo en su lugar. En el almuerzo servían siempre de primer plato una taza de sopa caliente, que me gustaba por su sabor, contenido y aroma. Pero lo que más me gustaba era la forma de ser de todos los miembros de su familia y, particularmente, el buen ambiente que se respiraba en ella.

Yo decía para mis adentros, aquí se respira algo diferente a las otras casas de mis amigos. Sentía ese aroma peculiar al solo cruzar el umbral de la casa. Era una sensación única, particular y especial, que me hacía disfrutar mucho estar ahí. Al principio no sabía qué era, pero a medida que el tiempo pasaba, advertí que eso que percibía no era otra cosa que un «aire de familia» que era propio de esa casa. Años más tarde, he comprendido que eso que respiraba adentro de la casa de mi amigo era la «cultura» de esta familia excepcional.

Me imagino que todos hemos experimentado en algún momento de nuestra vida una sensación parecida. A lo mejor no ha ocurrido solamente en una casa, sino dentro de una iglesia, un club, un aula, o simplemente en la sala de reuniones de una oficina. Es la sensación de estar en un lugar agradable, lleno de personas estupendas, que convierten los ambientes físicos en espacios de encuentro, acogida y cálida conversación.

Advertir esta experiencia del encuentro hace que palpemos el valor de la cultura en nuestra vida. Una familia, una empresa o una universidad son atractivas cuando son capaces de encarnar su identidad en la cultura que viven y transmiten sus miembros. La «fuerza intangible» de la cultura constituye una base esencial para articular historia, valores, conocimientos y formas de ser, que le dan el ADN propio a toda institución humana y social.

> Advertir esta experiencia del encuentro hace que palpemos el valor de la cultura en nuestra vida

La transformación de los hogares, las instituciones o las naciones, no consiste solamente en tener un formidable proyecto de familia, un gran manual de procesos o un magnífico plan estratégico, sino una cultura sólida que sea capaz de forjar una esencia única en su interior y en su desempeño particular. Es eso que siempre está ahí, pero nadie sabe cómo explicar, porque forma parte de su esencia.

Tiene razón Peter Drucker cuando dice que «la cultura se desayuna a la estrategia», porque es una fuerza tan grande que está por encima de individualidades, planes, manuales y procedimientos, y gestionarla es la clave para que los líderes ejerzan una influencia decisiva en sus equipos de trabajo.

Forjar círculos de influencia positiva

Así como les sucede a las instituciones con su cultura, les ocurre también a las personas con su manera de ser particular. Cada vez que una persona toma una buena decisión, emprende una acción con firme voluntad o afronta las contrariedades con gran determinación y serenidad, irradia una actitud positiva en sus círculos de influencia. «Eres, entre los tuyos –alma de apóstol–, la piedra caída en el lago. —Produce, con tu ejemplo y tu palabra un primer círculo... y éste, otro... y otro, y otro... Cada vez más ancho. ¿Comprendes ahora la grandeza de tu misión?» (Escrivá, 1998).

Esa disposición a salir de la zona de confort o neutralizar las preocupaciones con una actitud centrada en el esfuerzo y la dedicación, crea un círculo virtuoso de influencia para replicar en otros lo que tanto ha funcionado en la experiencia personal. Tal y como apuntábamos en el capítulo dos de este libro, una ruta estratégica para crecer por dentro y adquirir virtudes, tiene que ver con la actitud que tenemos ante los acontecimientos y circunstancias que enfrentamos cada día.

En este sentido, todos podemos generar una influencia positiva en el lugar donde nos toque vivir y convivir con otros. «Todos podemos ser *influencers* en el ámbito en el que desarrollamos nuestras actividades cotidianas» (Fazio, 2019). El elemento esencial es la capacidad de conectar con los demás, por medio de una actitud genuina que nos ponga en la misma sintonía de comunicación. En otras palabras, el fruto de la cultura es la riqueza de la convivencia humana.

Pero la cultura se enriquece con la educación de cada persona, porque el ser humano siempre puede aprender cosas nuevas y trascender hacia nuevas fronteras del conocimiento. Esa gran capacidad de percibir que tiene nuestro cerebro nos hace estar abiertos a estímulos desconocidos, a sacar partido de la interacción social con otras personas y a preparar el corazón para disfrutar del afecto mutuo con aquellos que amamos.

Vista así, la educación es un medio poderoso para transformarnos, porque moldea nuestra percepción del mundo, genera múltiples conexiones neuronales y, sobre todo, nos hace estar atentos a diversas posibilidades de aprendizaje, así como a desarrollar nuevas combinaciones de ideas. El alcance que tiene la educación parte siempre del espíritu de superación personal y del ansia de trascender los límites de la naturaleza humana. A partir de esa formidable base, la persona busca la forma de compartir ese saber y talento particular en beneficio de quienes forman parte de su vida.

> La educación es un medio poderoso
> para transformarnos, porque moldea
> nuestra percepción del mundo

Labor de adentro hacia afuera

Todo proceso incremental de mejora y de crecimiento continuo es fruto de una reflexión personal para identificar los cabos sueltos que tenemos. Se requiere ser muy objetivo para reconocer las carencias y cualidades que cada uno tiene. Y siendo así, resulta más fácil corregir lo que no funciona y perfeccionar lo que nos hace mejores. Es un círculo virtuoso de conocimiento propio, que nos vuelve más efectivos en la forma de aprender, pues de lo contrario entramos en una espiral de autoengaño que nos lleva a falsear nuestra propia realidad.

Sucede igual con los desafíos y las contradicciones que se presentan en el camino de la vida. Si nuestro foco está solo puesto en el resultado, las dificultades del momento nos crearán una gran frustración y contrariedad, y tarde o temprano esto produce un desgaste emocional que nos hace sentir infelices e incompletos. Tenemos todo, pero sentimos que siempre nos hace falta algo. Estamos sanos, pero sentimos la amenaza de una enfermedad que nos ronda muy cerca. Queremos descansar, pero no dejamos de estar alerta pensando en eventuales riesgos.

Y esta sensación de vivir cada día con el radar encendido, esperando que algo malo suceda o que el mundo se nos venga encima, es terrible para la salud mental. Esa habitual percepción de peligro y preocupación hace que se nos dispare la sensación de ansiedad e inquietud. Es tóxico vivir así, pues no disfrutamos lo que tenemos ganado, sino que estamos siempre a merced de las preocupaciones y de las situaciones que se salen de nuestro control.

En esta ruta, buscamos conseguir los resultados perfectos a como dé lugar y nos afanamos por tener bajo control todas las variables en nuestras manos. «Lo propio del hombre es hacer las cosas mejor o peor, con más o menos esfuerzo, pero nunca perfectas en sentido estricto» (Schlatter Navarro, 2016). Mejor disfrutar del proceso, aprender cosas nuevas en la ruta y estar abiertos al futuro con renovada confianza, porque si no, nos ahogamos en un vaso de agua por algo tan incierto como es el porvenir.

En todo caso, el éxito de una persona normal es aprender a darle un sentido a su vida. En lugar de «preocuparte» tanto por lo que no depende de tus acciones, mejor «ocúpate» cuanto antes de las tareas, responsabilidades y acciones que dependen de tu esfuerzo personal.

El éxito de una persona normal es aprender
a darle un sentido a su vida.

En otras palabras, «reafirmar por qué haces las cosas. Hacer un esfuerzo por valorar más y prestigiar el motor de tus acciones, y no tanto el resultado obtenido. En esta medida, tendrás menos necesidad de hacer las cosas de un modo concreto, te afectará menos el resultado y la opinión o valoración de los demás, y reafirmarás tu autoestima, darás menor importancia a cómo te sientes» (*Ibídem*).

Y una vez eres capaz de celebrar el éxito de las pequeñas batallas ganadas en el presente, estarás en posibilidad de abrirte en abanico hacia los demás que te rodean y de influir en ellos con tu forma de ser. No habrá pasado que te ancle, ni futuro que te inquiete. En primer lugar, hacia adentro de tu propia familia, con la autoridad de haber vencido a los propios enemigos interiores que te impedían caminar con libertad, gozo y paz. En segundo lugar, al resto de tu familia, cuando muestras el rostro genuino de la virtud alegre. En tercer lugar a tus amigos y compañeros habituales, los cuales sentirán la incombustible ilusión de su amigo en cualquier encrucijada o situación que se presente. Y, desde luego, a todos aquellos que forman parte de tu entorno laboral, académico o profesional, que valorarán tu presencia, optimismo y sentido de finalidad en todo lo que haces.

Las tres plenitudes

Toda vez que el ser humano se libera de sus ataduras del pasado y de la sensación de temor ante la incertidumbre del futuro, es capaz de emprender un camino de satisfacciones que le hace ponerse en sintonía con las personas más cercanas. Es como si en el camino hacia la meta, se ve capaz de desplegar sus talentos para compartirlos con los que ama y forman parte de su vida. Su humanidad se ve enriquecida por la certeza que da hacer las cosas bien y su rostro adquiere la lozanía de la vida plena y lograda.

Sin embargo, en la vida del ser humano, «no todo lo que brilla es oro», por lo que no siempre se puede sacar provecho de la plenitud de las personas. Al respecto, dice San Alberto Magno que existen tres géneros de plenitudes: «La plenitud del vaso, que retiene y no da; la del canal, que da y no retiene; y la de la fuente, que crea, retiene y da» (Martín Descalzo, 1999).

En cuanto a las personas que retienen y no dan, Martín Descalzo los llama *hombres-vaso*: «Son gentes que se dedican a almacenar virtudes o ciencia, que lo leen todo, coleccionan títulos, saben cuánto puede saberse, pero creen terminada su tarea cuando han concluido su almacenamiento: ni reparten sabiduría ni alegría. Tienen, pero no comparten» (*Ibídem*).

De los que dan y no retienen, éste se refiere a ellos como *hombres-canal*. Hablamos aquí de «la gente que se desgasta en palabras, que se pasa la vida haciendo y haciendo cosas, que nunca rumia lo que sabe, que cuanto le entra de vital por los oídos se le va por la boca sin dejar poso adentro. Padecen la neurosis de la acción, tienen que hacer muchas cosas y todas de prisa, creen estar sirviendo a los demás pero su servicio es, a veces, un modo de calmar sus picores del alma». Y agrega que estos que dan y no retienen, «después de dar, se sienten vacíos» (*Ibídem*).

Y finalmente, la plenitud más apreciada es la de los que crean, retienen y dan. A los cuales el autor citado los llama *hombres-fuente*: «Personas que dan de lo que han hecho sustancia de su alma, que reparten como las llamas, encendiendo la del vecino sin disminuir la propia, porque recrean todo lo que viven y reparten todo cuanto han recreado. Dan sin vaciarse, riegan sin decrecer, ofrecen su agua sin quedarse secos» (*Ibídem*).

¡Qué maravilla ser para los demás como esta fuente inagotable que da, riega y ofrece lo mejor que tiene en su caudal! Y si esa fuente inagotable es el líder, entonces se expande la capacidad de quienes se acercan a beber de esa agua cristalina. Porque la historia del mundo es la biografía de grandes seres humanos que no se conforman con solo saber ni solo saber hacer, sino también con hacer, dar que hacer y dejar hacer. Personas de carne y hueso que son aliento y estímulo, don y sabiduría, riqueza en la escasez y fuerza en la debilidad.

> ¡Qué maravilla ser para los demás
> como esta fuente inagotable que da,
> riega y ofrece lo mejor que tiene
> en su caudal!

Son estas personas que nos inspiran a dar más de lo que imaginamos y nos motivan a superar nuestros más grandes temores. Y no tienen reparos en ir a nuestro lado, para mostrarnos el camino y sacarnos de nuestra zona de confort. Pero especialmente, proponen ideas que nutren nuestra reflexión y nos mueven a la acción, porque tienen una llama encendida en su interior. Esa llama encendida es su fuerza interior que les hace volcarse a conseguir su gran propósito de vida.

No es su trabajo o su cargo lo que les define, ni las tareas que les obligan a levantarse cada día, sino algo más grande que les mueve a dar lo mejor que llevan dentro y que les hace ir tras los hitos y cosas que quieren lograr. Pues como dice Sinek, «hay dos formas de ver el mundo: algunas personas ven la cosa que quieren y algunas personas ven solo aquello que las previene de tenerla» (Sinek, 2022). Unos quieren lo mejor que pueden ser, pero otros ven solo lo que les impide serlo. Los primeros, ejercen con su actitud una influencia positiva en su entorno por su autodeterminación al bien. Mientras que los segundos, provocan inquietud por su autolimitación a lograrlo.

> Unos quieren lo mejor que pueden ser,
> pero otros ven solo lo que les impide serlo

Y en este enfoque tan opuesto de ver la realidad personal y de lo que acontece en ella, es fácil quedarse solo en las intenciones y en los deseos de cumplir los grandes ideales, pero sin ir más allá de pensar en voz alta. ¡Cuánto bien haríamos en hablar menos e influir más!

En el capítulo final de este libro, centraremos nuestra atención en la importancia de hablar menos e influir más. Lo cual tiene que ver con el valor que tienen los gestos en la realidad personal, de tal modo de contar con esa capacidad de hacer sentir a los demás bienvenidos, apreciados, escuchados y confortados con nuestra expresión verbal y corporal. Y por otra, la poderosa influencia que significa poner las últimas piedras en todo lo que hacemos.

7. Hablar menos, influir más

> *«El ruido no hace bien; el bien no hace ruido».*
> **San Vicente de Paúl**

Uno de los líderes que dejó grabada su impronta en el siglo XX fue el presidente Nelson Mandela, a quien recordamos por su rostro sereno, sonrisa franca y firme disposición a tender puentes con sus adversarios políticos. Su triunfo electoral después de veintisiete años de estar en la cárcel y enfrentar todo tipo de contradicciones en su natal Sudáfrica, es un canto al espíritu de resiliencia y a la búsqueda incansable de la paz en medio de un ambiente de división racial.

En una ocasión le preguntaron a Nelson Mandela cómo había aprendido a ser un gran líder. El respondió con mucha humildad que «había ido con su padre a reuniones tribales y que recordaba dos cosas cuando su padre se encontraba con otros ancianos: primero, que todos se sentaban en círculo; segundo, que su padre era el último en hablar» (Sinek, 2022). Siempre se nos ha dicho que tenemos que aprender a escuchar, pero en realidad la clave es aprender a ser el último en hablar.

Pienso que si hubiera que examinarnos a conciencia en este punto, muchos saldríamos reprobados. Es tan fácil emitir un juicio o una opinión precipitada, sin darles la oportunidad a los demás de expresarse y plantear sus puntos de vista antes de emitir los nuestros, que a menudo nos mete en problemas. Porque nuestra propia naturaleza nos hace anticipar posturas o proponer soluciones sin tener previamente la información del contexto o de los hechos en concreto.

Que razón tiene Aristóteles cuando dice que «el hombre es dueño de sus silencios y esclavo de sus palabras». ¡Cuántos inconvenientes dejaríamos de tener sí hiciéramos uso correcto de la prudencia al hablar! En ocasiones habría qué morderse la lengua para no caer en la trampa de ser siempre el primero en hablar, juzgar o criticar sin saber bien los detalles de lo ocurrido.

> ¡Cuántos inconvenientes dejaríamos de tener sí hiciéramos uso correcto de la prudencia al hablar!

Demuestran mucha categoría humana los que saben hacer uso de la palabra oportuna y aprovechan las ocasiones para convertir el lenguaje en un vehículo de ideas claras y auténticas. «La autenticidad de la existencia humana pasa necesariamente por la palabra, por el uso que hagamos de ella» (Martí García, 2004).

El gran prodigio que logra la comunicación asertiva se hace evidente cuando somos capaces de cultivar espacios de encuentro con los demás y de expansión de nuevas ideas que buscan hacerse un espacio en el interior de las personas. «La palabra llega a la cabeza y el corazón de quien nos escucha, vale la pena pues que sea iluminadora y cálida, para que alumbre a la inteligencia y haga compañía al corazón» (*Ibídem*).

Cada vez que hablamos con hechos ciertos y palabras claras, se abre una ventana de veracidad y transparencia que nos hace dignos de confianza. Ese espacio de naturalidad facilita la conversación entre dos personas, pues el encuentro se nutre del interés genuino por comprender la verdad y conocer con más certeza a la persona que nos habla. Además, las palabras jamás son neutras, pues dicen a los demás en *qué* y *cómo* pensamos y, especialmente, *quiénes* somos. «Nuestra manera de expresarnos, las palabras que escogemos y los temas que seleccionamos van diciendo a los demás quiénes somos» (*Ibídem*).

> Cada vez que hablamos con hechos ciertos
> y palabras claras, se abre una ventana de veracidad y
> transparencia que nos hace
> dignos de confianza

El valor de los gestos

A la hora de influir en los demás es preciso mostrarse tal cual uno es, de modo que no existan rastros de ambigüedad o hipocresía que nos impidan conectar en el contacto de uno a uno. Pues el comportamiento es un espejo que refleja nuestra verdadera identidad e imagen personal.

Por lo cual, propongo estas tres ideas que pueden servir de base para conectar e influir de mejor modo en los demás:

1. **Poner atención plena en la conversación**. Con todos los sentidos puestos en el diálogo, sin dispersiones ni distracciones evidentes que generen la sensación de desinterés en lo que se está hablando. Esto significa estar plenamente consciente de las ideas, el tono de la voz y las expresiones corporales de la persona que me dirige la palabra. En resumen: estar atento y dispuesto a continuar el diálogo.

2. **Aprender a escuchar sin interrumpir**. En la misma línea de la idea anterior, pero con la intención de generar un espacio de confianza, respeto y comprensión. Estar dispuestos a escuchar con el deseo de ser *todo oídos* para que la persona que nos habla pueda expresarse con libertad y naturalidad, sin cortar su inspiración, explicación o desahogo. Es una actitud abierta, empática, humilde y generosa, pues es muy cierto que «la humildad exige generosidad» (Lovasik, 2016).

3. **Acertar con las preguntas**. En el arte de la conversación, una clave para ser más asertivos es saber seguir el hilo de la conversación y sobre esa base hacer las preguntas correctas. Eso da pie a conocer más el trasfondo de las cosas, hacerse una idea más precisa de los hechos y, por tanto, estar en la posibilidad de ofrecer alguna idea, sugerencia o vía

de solución. Y si esto resulta útil en el trascurso del diálogo, se puede formular una nueva pregunta para continuar con el sentido de la conversación.

Como todo, el desafío es tener la voluntad de estar atentos a quienes se dirigen a nosotros, escucharlos con interés y, todo ello, sabiendo ser capaces de mostrar empatía en las preguntas que hacemos y las ideas que proponemos.

Ahora comienzo

En la recta final de este libro, quiero centrar mi atención en la forma de hacer realidad estas ideas que he propuesto para influir de mejor modo en los demás y transformar el entorno personal.

Lo primero es fijarse la meta de comenzar cuanto antes con este proceso de transformación. Porque es muy cierto eso que «al ponerle fecha a un sueño se convierte en meta. Una meta dividida en pasos se convierte en un plan. Y un plan apoyado por acciones se vuelve realidad».

> «Al ponerle fecha a un sueño se convierte en meta.
> Una meta dividida en pasos se convierte en un plan.
> Y un plan apoyado por acciones se vuelve realidad»

Todo recorrido inicia en un punto concreto, en un momento determinado y en las circunstancias particulares de cada uno. Ese camino requiere conocer previamente hasta dónde se quiere llegar, para preparar el equipo y recursos necesarios que llevaremos en el viaje. Y una vez se tiene plan de viaje, equipo y buena voluntad para emprender la ruta, lo que resta es ponerlo en acción.

Pero la riqueza del viaje no es solo llegar con éxito a la meta, sino apreciar las diversas fases del trayecto, para sacar aprendizajes, vivencias y reforzar la decisión de seguir en camino hasta el final de este. Esto significa tener la mirada atenta para percibir la realidad, apreciar mejor el camino y el paisaje a la vista, y especialmente, sacar frutos del espacio recorrido.

Lo peor es quedarse inmóvil, parado o totalmente pasivo, esperando que todo nos venga de fuera o que alguien más camine en mi lugar. Pero tanto o más complejo que no hacer nada, es caminar sin saber exactamente hacia donde ir o sin tener un propósito claro para emprender la ruta.

Es preferible ser honesto en las intenciones, claro en las ideas y firme en las decisiones, para darle un sentido a todo lo que me propongo y culminar con buen pie el camino. En otras palabras, para construir mi plan de viaje debo tener el propósito definitivo de llegar al final del proceso y cruzar el umbral de la influencia personal y de nuestro entorno. En definitiva, ser auténticos y fiables para quienes esperan lo mejor de nosotros en cada encuentro.

Cruzar el umbral de la influencia

Hace unos años le escuché decir a un filósofo que el éxito de una familia, una empresa, una sociedad o una nación, era contar con «un umbral suficiente de personas bien formadas y dispuestas a trabajar por el bien del país».

¿Cuánto es ese umbral de personas? No hay una cifra mágica, pero es muy cierto que en una familia conviene que tanto el padre como la madre estén de acuerdo en lo fundamental y compartan valores esenciales para la importante tarea de amarse como esposos y educar a sus hijos en el bien. En una empresa, es decisivo que las cabezas directivas tengan principios sólidos que les permitan poner a las personas en el centro de su actividad económica, porque al fin y al cabo trabajan con ellas en sus diversos roles: colaboradores, proveedores, clientes, acreedores, accionistas, entre otros. En una sociedad y nación, conviene que ese umbral de personas bien formadas y dispuestas a trabajar por el bien del país sean sus principales líderes en las diversas categorías que existan, tanto en lo público como en lo privado.

Hablamos aquí de la dirigencia política, económica, social, intelectual, cultural y, ciertamente, también la religiosa. Porque un país cuyas élites están centradas solo en sí mismas y en procurar los beneficios de su labor exclusivamente para los suyos y en el corto plazo, no han comprendido el papel primordial de referencia que ejercen en sus ámbitos de influencia directa e indirecta.

¡Cuántos casos se conocen de hogares, instituciones y naciones que claudicaron con su deber de mantener sus premisas fundacionales y dejaron de seguir mirando con ilusión hacia el mañana! Es una tragedia de gran impacto entre sus diversos miembros, que ven cómo se interrumpe el acceso a nuevas oportunidades para ellos y las futuras generaciones, por el cambio drástico en las prioridades de quienes tienen la misión de tomar las grandes decisiones y llevarlas a cabo.

Al inicio del capítulo hablábamos de Mandela, que tuvo la sabiduría de buscar puntos de encuentro con sus adversarios políticos y emprender un largo proceso de diálogo para construir juntos una nueva Sudáfrica.

Porque en todo conflicto humano o institucional, el valor del diálogo sincero y transparente se afinca en la verdad para generar confianza. «La mejor comunicación se da cuando las personas se sienten valoradas y seguras. Se acercan el uno al otro, tratando de comprenderse y compartir. No se trata solo de la lucidez de tus argumentos, sino del efecto que tus palabras tienen en los demás. No somos nosotros los que convencemos; es la Verdad» (Ivereigh y de la Cierva, 2016).

> En todo conflicto humano o institucional,
> el valor del diálogo sincero y transparente se
> afinca en la verdad para generar confianza

En efecto, una vez que las condiciones fueron oportunas, Mandela pasó del diálogo a la acción. De la palabra a los hechos. Lo cual implicó hacer una diversidad de sacrificios para sanar heridas, unir a sectores de la sociedad abiertamente opuestos entre sí y encontrar un marco propicio para unir esfuerzos en la misma dirección.

Sin duda alguna ese proceso conciliador de voluntades no fue nunca fácil de lograr, pero el hecho de crear un nuevo espacio colectivo para la convivencia en paz de sus ciudadanos es una de las principales herencias políticas de su liderazgo influyente y transformador. ¡Hablar menos e influir más!

Influir con autenticidad

Cada día podemos influir en los demás con nuestras decisiones y acciones, o podemos dejar pasar las oportunidades que se nos presentan en nuestras circunstancias particulares y entorno inmediato. No importa la situación personal o las condiciones intelectuales que cada uno tenga, siempre se puede tener un impacto en quienes forman parte de nuestra realidad. El desafío es mantenerse siempre auténtico en el trato habitual con los demás.

Esto me hace recordar la trama de *Forrest Gump* (*Forrest Gump*, 1994), una película aclamada por la crítica de cine y el público que narra con hechos cómicos y dramáticos la historia de *Forrest*, un niño de Alabama con una leve discapacidad intelectual que, a pesar de las diversas adversidades que le toca vivir desde muy pequeño, logra superarlas una a una con valentía y determinación. De hecho, gracias a su audacia, ingenuidad y perseverancia, consigue ser parte de momentos estelares de la historia de su país a lo largo de varias décadas.

Forrest tiene un corazón noble que le hace amar con gran devoción a su madre, a su amiga *Jenny*, a su entrañable amigo *Bubba* y al temperamental teniente *Dan*, con quienes vive experiencias dramáticas, pero de una intensa amistad, lealtad y sacrificio.

Todo lo que vive Forrest es un carrusel de experiencias personales que le hacen ser protagonista de diversos acontecimientos y situaciones excepcionales: supera limitaciones físicas; se enamora de su gran amiga Jenny; conoce a diversas celebridades y presencia acontecimientos históricos; su talento para correr rápido le abre espacio en el equipo universitario de futbol americano.

Tras graduarse de la universidad, se alista en el ejército y va a la guerra de Vietnam; conoce el sentido de la amistad incondicional; sufre el dolor de la pérdida de su amigo y del sufrimiento de las heridas de guerra; se convierte en un gran jugador de tenis de mesa; cumple su promesa a *Bubba* de tener su propio barco pesquero de camarones, con el que obtiene ganancias y eventualmente una gran fortuna; se convierte en una celebridad nacional por su gesta de correr a lo largo del país durante 3 años. Tiempo después, Jenny le revela que él es el padre de su hijo, también llamado Forrest; se casan, pero ella fallece poco tiempo después a raíz de un virus desconocido. Pero le queda su hijo, con quien comparte rasgos y gestos inconfundibles (Cfr. *Ibídem*).

Sin embargo, a pesar de todas las circunstancias que vive, las personas que aprecia, las penas que enfrenta, la fortuna que logra o lo famoso que se vuelve, Forrest es siempre el mismo y su carácter se mantiene auténtico. Esa naturalidad y sencillez le hacen ser quien es, y consigue influir positivamente en las personas que forman parte de su mundo. Porque su influencia era resultado de su genuina forma de ser, de saber mantener su esencia en cualquier situación que enfrentaba.

> Esa naturalidad y sencillez le hacen ser quien es, y consigue influir positivamente en las personas que forman parte de su mundo

Lo importante es saber con claridad cuál es nuestra esencia y misión particular. Es decir, qué nos identifica y hace únicos para disponernos hacia el norte específico que debemos seguir en nuestra vida. «El objetivo de nuestra existencia es la felicidad y disponemos de toda la vida para dar pasos hacia ella y sacar partido de nosotros mismos a medida que avanzamos» (Chinchilla y Moragas, 2009). ¡Qué valioso es ser dueños de nuestro destino y tener siempre la ilusión de vivir para contarlo!

III.
Recomendaciones finales

«El que escucha los principios del buen camino por la mañana, puede morir tranquilamente por la tarde».
Confucio

Espero y deseo que a esta altura del libro ya te hayas hecho una idea clara de lo que quieres lograr en tu vida personal, labor directiva o gestión ejecutiva junto a quienes viven o trabajan contigo. Ciertamente, es un desafío preservar la convivencia humana en óptimas condiciones a lo largo del tiempo, porque «cada cabeza es un mundo» que no siempre uno acaba de comprender y en la que confluyen tantas circunstancias particulares.

Además, fruto de las diversas emociones que experimentamos en nuestra realidad social, algunos conflictos humanos tienen que ver con el diálogo interno que nos dirigimos a nosotros mismos o respecto a los demás. Lo cual se relaciona con la llamada *inteligencia emocional*, que nos permite «tomar las riendas de nuestros impulsos emocionales, comprender los sentimientos más profundos de nuestros semejantes y manejar amablemente nuestras relaciones» (Goleman, 1996).

Concluyo este libro con tres ideas que pueden servirte en tu camino para perfilar de mejor modo tu liderazgo y tu capacidad de influencia positiva en los demás. Son tres aspectos básicos que por su obviedad podría uno pasarlos por alto con relativa facilidad, pero que resultan sumamente esenciales para discernir de mejor modo en momentos de incertidumbre, validar las decisiones en circunstancias confusas y enderezar el rumbo cuando el camino se ha torcido.

1. Forma tu criterio

En estos tiempos de sobreabundancia de comunicación e información, es un desafío saber identificar el contenido que más nos conviene conocer para perfeccionar nuestras competencias directivas y habilidades de liderazgo. No es mejor líder el que sabe mucho y presume de ello, sino aquel que aplica con sentido común en sus decisiones aquello que ha aprendido como parte de sus conocimientos, experiencias vividas o como fruto de su prudencia directiva. Este sentido común es un don de gran ayuda que permite dar los pasos acertados a la hora de discernir la mejor solución o pedir la ayuda necesaria cuando la circunstancia lo requiere.

Pero llegar a esta instancia es fruto del buen criterio que cada uno ha formado en su interior. Lo cual no se

improvisa, sino que es el resultado de saber observar y escuchar con atención a otros, aprender de los propios errores y sacar lecciones de experiencias previas. Por lo tanto,
una vez se está en el trance de tomar una decisión, hay que
saber distinguir cuáles son los datos, opiniones y consejos
que merece la pena tomar en cuenta y reflexionar cuál
es la alternativa, escenario o solución que nos conviene
elegir. Es un desafío personal que cada líder debe saber
enfrentar.

2. Consigue un buen mentor

En las encrucijadas de la vida se reconoce a los verdaderos amigos. Una vez se está en una situación crítica,
es preciso tener la humildad para buscar ayuda de las personas más fiables y asirse a sus manos para no perdernos
en la tribulación. En estos momentos de gran apremio y
confusión, es ineficaz estar solo para enfrentarlos, porque
las circunstancias rebasan nuestra capacidad de respuesta,
que habitualmente parece quedarse corta ante la dimensión de los hechos. Es de inmenso valor contar con la presencia de un mentor en el entorno personal o profesional,
con el que se pueda compartir en confidencia las inquietudes y desasosiegos.

Esta persona, si es de fiar y sensata, será un pilar esencial en la que apoyarse. Otras veces hará las veces de sabio consejero, el cual sabrá dar su aporte objetivo, sensato
y sereno, que en todo tiempo y lugar es de suma utilidad

para tener una perspectiva diferente de ver los problemas y dilemas, que complemente las propias ideas del protagonista. Y, en otras, simplemente será el oído atento para escuchar las ideas en voz alta y hará las preguntas certeras que la ocasión amerita.

3. APRENDE A RECTIFICAR

A pesar de que el líder puede tener acceso a buenos conocimientos, ideas y mentores, es posible que en algunos casos no acierte con la decisión correcta y equivoque el rumbo. Bien decía Marco Aurelio: «Si no está bien, no lo hagas. Si no es verdad, no lo digas». En casos así, es de gran sabiduría y de muchísima humildad rendir el juicio, reconocer el error y aprender a rectificar. «Cuando te equivoques, no temas corregir tus errores» (Confucio).

Lo cual es un signo distintivo de las personas íntegras, que en el ejercicio de su acción directiva, son capaces de comprender el impacto de sus decisiones, reflexionar sobre lo ocurrido y aplicar las medidas correctivas con sentido de oportunidad y responsabilidad cada vez que sea necesario. «Por eso se ha dicho que el que siembra actos recoge hábitos, y el que siembra hábitos cosecha su propio carácter» (Ayllón y Muñoz, 2010). De esta calidad humana están hechas las personas que influyen con determinación en los demás y transforman cualquier entorno en el que se encuentren.

Bibliografía

Aristóteles (1985): *Ética a Nicómaco*, Editorial Gredos, Madrid.

Aurelio, Marco (2014): *Meditaciones*, Alianza Editorial, Madrid.

Ayllón, José Ramón y Muñoz, María (2010): *555 joyas de la sabiduría*, Planeta, Barcelona.

Bauman, Zygmunt (2007): *Los retos de la educación en la modernidad líquida*, Gedisa Editorial, Barcelona.

Carnegie, Dale (2008): *Cómo ganar amigos e influir sobre las personas*, Elipse Editorial, Barcelona.

Chinchilla, Nuria y Moragas, Maruja (2009): *Dueños de nuestro destino. Cómo conciliar la vida profesional, familiar y personal*, Ariel, Barcelona.

Clear, James (2019): *Hábitos atómicos. Un método sencillo y comprobado para desarrollar buenos hábitos y eliminar los malos*, Paidós, México.

Covey, Stephen R. (2005): *Los 7 hábitos de la gente altamente efectiva*, Paidós Ibérica, Barcelona.

Cruz Prados, Alfredo (2022): *El sentido de la moral. Saber querer lo que en verdad se quiere*, Eunsa, Pamplona.

Diéguez, Julio (2020): *Sin que él sepa cómo: Crecer en libertad*, Kindle Edition.

Escrivá, Josemaría (1998): *Camino*, Rialp, Madrid.

Fazio, Mariano (2019): *Transformar el mundo desde dentro*, Palabra, Madrid.

Fischer, Robert (1993): *El caballero de la armadura oxidada*, Obelisco, Barcelona.

Fita, Josep (2018): *«Víctor Küppers: La inteligencia está sobrevalorada, ser amable tiene mucho más mérito»*, entrevista en La Vanguardia, Barcelona.
(https://www.lavanguardia.com/vida/20181224/453671509873/victor-kuppers-inteligencia-sobrevalorada-ser-amable-mas-merito.html?facet=amp).

Grenny, Joseph; Patterson, Kerry; Maxfield, David; McMillan Ron; y Switzler, Al (2020): *Influencer. La nueva ciencia de liderar el cambio*, McGraw Hill, Ciudad de México.

Goleman, Daniel (1996): *Inteligencia emocional*, Kairós, Barcelona.

Havard, Alexandre (2018): *Liderazgo virtuoso*, Eunsa, Pamplona.

Ivereigh, Austen y de la Cierva, Yago (2016): *Cómo defender la fe sin levantar la voz*, Palabra, Madrid.

Jordan, Michael (2012): *«Quizás es mi culpa»*. (https://www.youtube.com/watch?v=yNWsG5WnrBU).

Lovasik, Lawrence (2015): *El poder oculto de la amabilidad*, Rialp, Madrid.

Martí García, Miguel-Ángel (2001): *La admiración: Saber mirar es saber vivir*, Ediciones Internacionales Universitarias, Madrid.

Martí García, Miguel-Ángel (2004): *El encuentro: La autenticidad de la palabra*, Ediciones Internacionales Universitarias, Madrid.

Martín Descalzo, José Luis (1999): *Razones para vivir*, Ediciones Sígueme, Salamanca.

Maxwell, John C. (1996): *Desarrolle el líder que está en usted*, Editorial Caribe, Nashville.

Mora, Juan Manuel (2009): *Dirección estratégica de la comunicación*, en 10 ensayos de comunicación institucional, Eunsa, Pamplona.

Puig, Mario Alonso (2022): *El líder no nace ni se hace, se entrena*. (https://www.youtube.com/watch?v=atjonjXCGh0).

Rojas Estapé, Marian (2018): *Cómo hacer que te pasen cosas buenas*, Espasa, Madrid.

Schlatter Navarro, Javier (2016): *Ser felices sin ser perfectos*, Eunsa, Pamplona.

Séneca, Lucio Anneo (1986): *Epístolas morales a Lucilio*, Editorial Gredos, Madrid.

Sinek, Simon (2015): *What game theory teaches us about war*. (https://www.youtube.com/watch?v=0bFs6ZiynSU).

Sinek, Simon (2022): *Simon Sinek's Life Advice Will Change Your Future*. (https://www.youtube.com/watch?v=o58OJJT37Nk).

Slater, Matt (2012): *Olympics cycling: Marginal gains underpin Team GB dominance*, BBC. (https://www.bbc.com/sport/olympics/19174302).

Sun Tzu (2008): *El arte de la guerra*, Editorial Porrúa, México.

Torre de Babel (2012): *«Easy Eddie & Butch O'Hare», dos historias relacionadas*. (https://latorredebabel.wordpress.com/2012/07/03/easy-eddie-butch-ohare-dos-historias-relacionadas/).